4차 개정판

어린이

훈민정음

기초 문법

띄어쓰기

발음

맞춤법

★★★★
4차 개정판 어린이 **훈민정음**

" 말이 오르면 나라도 오르고,
말이 내리면 나라도 내리나니라.

문명 강대국은 모두
자국의 문자를 사용한다. "

- 주시경

제 **1** 과　만나서 반가워요!(1)

1 동물

 다음 그림과 특징을 보고 빈칸에 알맞은 동물 이름을 찾아 쓰세요.

(1)

 주로 나무 위에서 사는 동물. 호주에 산다.

(2)

 등에 혹이 있는 동물. 혹이 하나인 것과 둘인 것이 있다.

(3)

 긴 뒷다리로 잘 뛰는 동물. 주로 호주에 산다.

(4)

달리는 속도가 무척 빠른 동물. 아프리카 등에 산다.

치타　　낙타　　캥거루　　코알라

2 발표

 발표할 때 주의할 점이 있습니다. 빈칸에 알맞은 낱말을 넣어 문장을 완성하세요.

(1) 내용을 잘 이해했다면 ☐ㅁ☐ㅅ☐ 를 짓거나 고개를 끄덕여요.

* 소리 없이 웃는 웃음.

(2) 궁금한 내용이 있으면 손을 들고 기회를 얻어 ☐지☐무☐ 해요.

* 알고 싶은 것을 얻기 위해 물음.

(3) 자신의 ☐말☐차☐례☐ 가 되었을 때 끝까지 분명하게 말해요.

* 순서에 따라 돌아오는 말할 기회.

(4) 발표를 들을 때에는 발표하는 친구의 얼굴을 보면서 ☐지☐주☐ 해요.

* 한 가지 일에 모든 힘을 쏟음.

(5) 중요한 내용은 ☐ㄱ☐채☐ 에 쓰면서 들어요.

* 글씨를 쓰거나 그림을 그리도록 종이로 만든 책.

3 대화

✏️ **대화할 때에도 주의할 점이 있습니다. 빈칸에 알맞은 낱말을 찾아 쓰세요.**

(1) 친구가 말할 때에는 ☐ 않아요.

    ＊ 자기 순서나 자리가 아닌 사이에 들어서지.

(2) 대화 내용과 ☐ 말은 하지 않아요.

    ＊ 서로 연결되지 않은.

(3) 상대의 말을 귀 ☐ 들어요.

    ＊ 정성이나 노력 등을 한곳으로 모아.

(4) ☐ 점은 상대의 말이 끝난 뒤에 물어봐요.

    ＊ 무엇을 알고 싶어 마음이 몹시 답답한.

기울여   궁금한   관계없는   끼어들지

---

4 꾸며 주는 말

✏️ 다음 문장의 빈칸에 가장 잘 어울리는 낱말을 찾아 쓰세요.

(1) 공책이 사라져서 윤수는 ☐☐☐☐ 주변을 찾아보았어요.

(2) 아기의 눈이 ☐☐☐☐ 빛나요.

(3) 거인은 제자리에서 ☐☐☐☐ 뛰며 소리를 질렀어요.

(4) 발표를 할 때에는 ☐☐☐☐ 말해요.

(5) 옆집 할머니 머리카락이 ☐☐☐☐ 말려 있어요.

곱슬곱슬   겅중겅중

반짝반짝   허둥지둥   또박또박

---

5 무슨 뜻일까요?

✏️ **밑줄 친 말의 뜻을 찾아 번호를 쓰세요.**

(1) 우리 집 강아지는 코끝이 <u>반질거려요</u>.　　　　　(　　)

　① 간지러운 느낌이 자꾸 들어요.

　② 빛이 비칠 정도로 겉이 매끄러워요.

　③ 물기가 있어 조금 젖은 듯해요.

(2) 나는 형의 옷을 <u>물려받아</u> 입어요.　　　　　(　　)

　① 남의 물건을 몰래 가져다가.

　② 남의 것을 억지로 가져다가.

　③ 돈, 물건, 기술 등을 전해 받아.

(3) 현주는 <u>둘도 없는</u> 친구예요　　　　　(　　)

　① 여럿 가운데 하나인.

　② 둘 가운데 하나인.

　③ 오직 하나뿐인.

(4) 서연이는 비를 맞아 옷이 <u>함빡</u> 젖었어요.　　　　　(　　)

　① 물이 속에서 겉으로 스며 나올 정도로 많이.

　② 표시가 안 날 정도로 조금.

　③ 전혀 아닌 정도로.

6 외래어

✏️ 외국에서 들어온 낱말을 외래어라고 합니다. 설명에 알맞은 외래어를 찾아 쓰세요.

> 블록   로봇   모빌   캐릭터   케이크

(1) 밀가루, 달걀, 우유 등으로 얇고 납작하게 만드는 빵.

(2) 인형, 나뭇조각 등을 철사 등에 매달아 만드는 물건.

(3) 쌓아 올리도록 만든 장난감.

(4) 이야기나 만화에 등장하는 인물이나 그 독특한 특성.

(5) 인간과 비슷한 모양으로 여러 일을 하는 기계 장치.

1 옷

✏️ 다음 그림과 설명을 보고 빈칸에 알맞은 낱말을 찾아 쓰세요.

(1)   소매(팔을 넣는 부분)가 손목까지 내려오는 옷.

(2)   가장 안쪽에, 몸에 직접 닿게 입는 옷.

(3)   소매가 팔꿈치나 그 위까지 내려오는 옷.

(4)   바깥쪽에 입는 옷.

반팔   긴팔   속옷   겉옷

2 무슨 낱말일까요?

 빈칸에 알맞은 낱말을 넣어 문장을 완성하세요.

(1) 우리 반에서 가장 | 므 | 지 | 이 큰 아이는 정진이에요.

* 몸의 크기.

(2) 할머니는 동생의 | 재 | 로 | 을 보고 즐거워하셨어요.

* 어린아이의 재미있는 말과 귀여운 행동.

(3) 윤정이는 길에서 넘어져 | 엉 | 더 | 바 | 아 | 를 찧었어요.

* 미끄러지거나 넘어지거나 주저앉아서 엉덩이를 바닥에 세게 부딪치는 짓.

(4) 톰은 친구들과 함께 | 므 | 허 | 을 떠났어요.

* 위험을 각오하고 하는 일.

(5) 놀부는 흥부의 | 휴 | 을 보았어요.

* 남에게 놀림을 당할 만한 일이나 남을 비웃는 일.

(6) 민재는 양말을  로 신었어요.

* 원래의 짝이 아닌 것과 합하여 이루어진 것.

(7) 꾸며 주는 말을 이용하면 글을 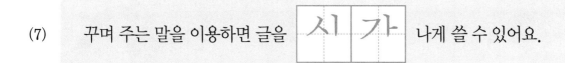 나게 쓸 수 있어요.

* 실제로 경험하는 느낌.

(8) 재현이는 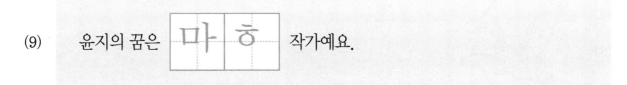 를 무척 잘해요.

* 우리나라 전통 운동. 차기, 지르기, 막기 등의 기술을 쓴다.

(9) 윤지의 꿈은 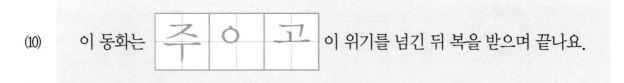 작가예요.

* 이야기를 간단하고 재미있게 그림으로 나타낸 것.

(10) 이 동화는  이 위기를 넘긴 뒤 복을 받으며 끝나요.

* 연극, 영화, 동화 등에서 사건을 이끌어가는 중심인물.

(11) 오빠는 블록을  해서 멋진 로봇을 만들었어요.

* 여러 부품을 맞추어서 물건을 만듦.

3 된소리

🖉 'ㄱ, ㄷ, ㅂ, ㅅ, ㅈ'을 예사소리, 'ㄲ, ㄸ, ㅃ, ㅆ, ㅉ'를 된소리라고 합니다. 그림에 알맞은 낱말을 쓰고, 예사소리와 된소리를 비교해 보세요.

(1) ☐리 – ☐리

(2) 남 – 남

(3) ☐리 – ☐리

(4) | – |

(5) ☐다 – ☐다

4 쌍받침

다음 뜻에 알맞은 낱말을 빈칸에 쓰세요.

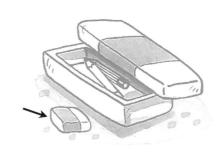

(1)

① 둥글게 생긴 열매. 속은 먹고, 껍질은 바가지로 만든다.

② 어떤 선을 넘어선 쪽. 비 바깥 반 안

(2)

① 두 끝을 대어 붙이다. 비 연결하다

② 무엇이 실제로 존재하는 상태이다. 반 없다

5 바르게 쓰기

 밑줄 친 낱말을 바르게 고쳐 쓰세요.

(1) 민지는 어찌 됬든 집에 가 보기로 했어요.

(2) 오늘 격은 일을 일기장에 적었어요.

(3) 땅에 엉덩이를 찌어서 너무 아파요.

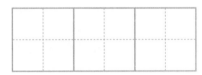

(4) 연필꼬지에 볼펜이 세 자루나 있어요.

(5) 달리다가 또 넘어지면 어떻하지?

(6) 아버지께서 된장찌게를 끓여 주셨어요.

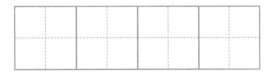

6 원고지 쓰기

 다음 문장을 괄호 안의 횟수만큼 띄워서 원고지에 옮겨 쓰세요.

(1) 혼자있으면꽤무서울텐데.(4)

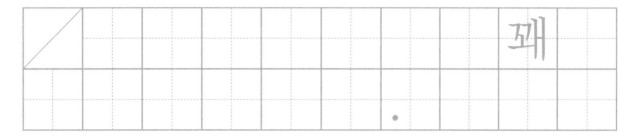

(2) 지난번에네게화를내서미안해.(4)

(3) 신발한짝이시냇물위에둥둥떠내려가고있어요.(7)

제 **3** 과 말의 재미가 솔솔(1)

1 시장에 가면

🖉 시장과 문구점에서 볼 수 있는 여러 물건의 이름을 빈칸에 쓰세요.

(1)

시장에 가면

호박	도 있고,
	도 있고,
	도 있고,
	도 있고,
	도 있네.

(2)

문구점에 가면

색연필	도 있고,
	도 있고,
	도 있고,
	도 있고,
	도 있네.

2 끝말잇기

 다음 뜻을 보고 알맞은 낱말을 넣어 끝말잇기를 하세요.

(1)
포	프

절벽에서 곧바로 쏟아져 내리는 물줄기.

→

(2)
프	ㄱ

하려던 일을 도중에 그만두어 버림.

↓

신문, 방송 등에 실을 기사를 조사하여 쓰거나 편집하는 사람.

←

(3)
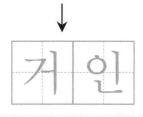

사람이 타서 다리의 힘으로 바퀴를 돌려 움직이게 하는 장치.

↓

거	인

몸이 아주 큰 사람.

→

(4)
ㅇ	ㅎ

사람이나 동물 모양으로 만든 장난감.

↓

(5)

형과 동생을 함께 이르는 말.

←

(6)
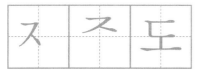

우리나라 남쪽에 있는 섬. 우리나라 섬 가운데 가장 크다.

3 포함하는 말, 포함되는 말

✏️ 다음 낱말들을 모두 포함하는 낱말을 쓰세요.

(1)

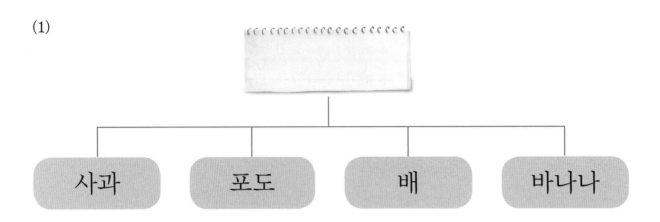

| 사과 | 포도 | 배 | 바나나 |

(2)

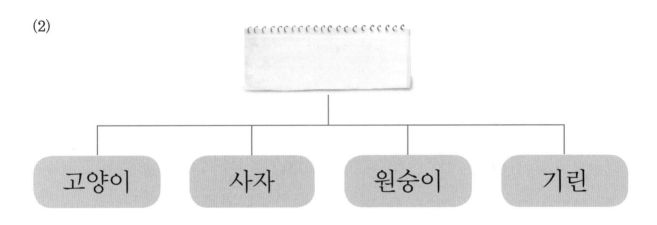

| 고양이 | 사자 | 원숭이 | 기린 |

(3)

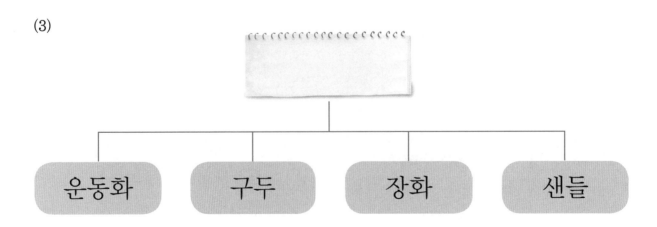

| 운동화 | 구두 | 장화 | 샌들 |

다음 낱말에 포함되는 낱말을 쓰세요.

(4)
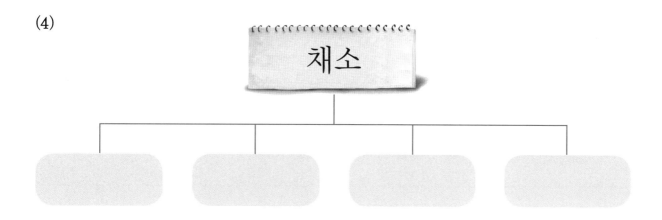

(5)
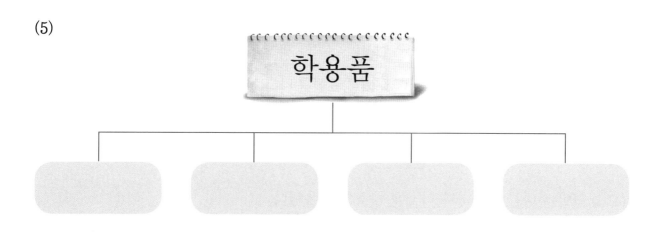

(6)
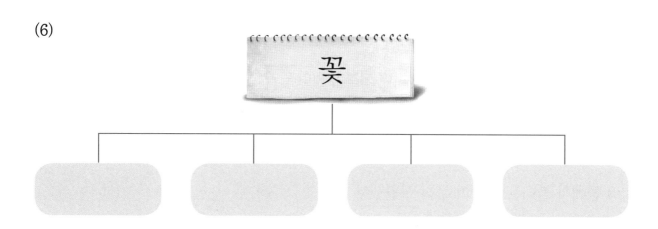

4 여러 뜻을 가진 낱말

✏️ 밑줄 친 낱말의 뜻을 찾아 번호를 쓰세요.

끊다	① 말을 잠시 중단하다. ② 관계를 이어지지 않게 하다.

(1) 놀부는 흥부를 내쫓은 뒤에 소식을 끊고 살았다.   (   )

(2) 화가 난 윤주는 대화를 끊고 밖으로 나가 버렸다.   (   )

떠올리다	① 기억을 되살려 내거나 생각나지 않던 것을 생각나게 하다. ② 얼굴에 어떠한 표정을 나타내다.

(3) 진형이는 1학년 때의 일을 떠올려 보았다.   (   )

(4) 효연이는 나를 보자마자 얼굴에 미소를 떠올렸다.   (   )

시원하다	① 덥거나 춥지 않고 알맞게 서늘하다. ② 음식이 차고 산뜻하거나, 뜨거우면서도 속을 풀리게 하는 점이 있다. ③ 가렵거나 거북한 것이 말끔히 사라져 기분이 좋다.

(5) 이를 닦으니까 입안이 시원해서 좋았다.   (   )

(6) 산에서 불어온 바람이 무척 시원했다.   (   )

(7) 아버지는 뜨거운 국물을 드시면서도 시원하다고 말씀하신다.   (   )

5 외래어

 외국에서 들어와 쓰이는 낱말을 외래어라고 합니다. 다음 그림과 설명에 알맞은 외래어를 쓰세요.

(1)

긴 판의 한가운데에 물건을 받쳐, 양쪽 끝에 사람이 타고 서로 오르락내리락하는 놀이 기구.

(2)

아이들이 손과 발을 이용하여 오르내리며 놀도록 만든 운동 기구.

(3)

음식이나 음식 재료, 생활용품 등을 파는 가게.

(4)

꽃봉오리(아직 피지 않은 꽃)와 줄기를 먹는 식물. 비타민이 풍부하다.

6 첫소리가 같은 낱말

 다음 첫소리로 시작하는 낱말을 빈칸에 쓰세요.

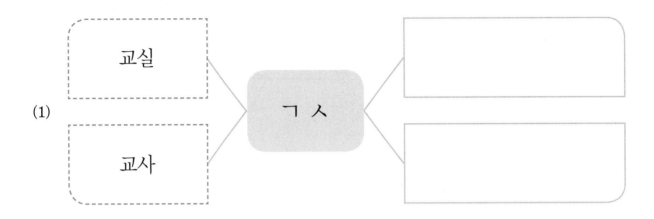

(1) 교실 / 교사 — ㄱ ㅅ

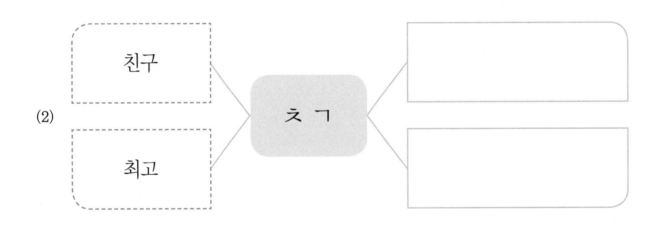

(2) 친구 / 최고 — ㅊ ㄱ

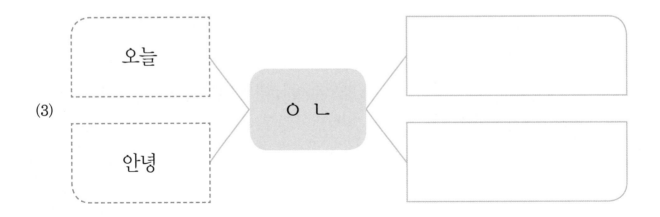

(3) 오늘 / 안녕 — ㅇ ㄴ

1 '지' 자로 끝나는 낱말

 그림과 설명을 보고, '지'로 끝나는 낱말을 쓰세요.

(1)

배에서 다리까지 입는 옷. 두 다리를 한 쪽씩 넣을 수 있게 나뉘어 있어요.

(2)

둥글고 길쭉하게 생긴 보라색 채소. 찌거나 볶아서 반찬으로 먹어요.

(3)

몸에 뼈가 없고, 다리가 여덟 개인 바다 동물. 위험을 느끼면 먹물을 뿜고 달아나요.

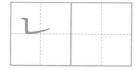

(4)

흰색이나 보라색 꽃이 피는 채소. 뿌리는 나물을 해 먹거나 약으로 써요.

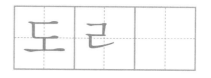

2 비

 비의 종류입니다. 다음 설명에 알맞은 낱말을 찾아 쓰세요.

> 가랑비   이슬비   장대비   소낙비   여우비

(1) 갑자기 세차게 쏟아지다가 곧 그치는 비.

(2) 햇볕이 나 있는 날 잠깐 오다가 그치는 비.

(3) 가늘게 내리는 비. 이슬비보다는 좀 굵다.

(4) 아주 가늘게 내리는 비. 가랑비보다는 가늘다.

(5) 나무 막대기처럼 굵고 거세게 좍좍 내리는 비.

3 시

시와 관계있는 낱말입니다. 설명에 알맞은 낱말을 찾아 쓰세요.

(1) 글을 가로나 세로로 쓴 한 줄.

(2) 시에 쓰는 말.

(3) 크게 소리를 내어 글을 읽거나 기억해 내어 말함.

(4) 시에서, 몇 행을 한 단위로 묶어서 이르는 말.

(5) 주로 어린이가 읽도록 어린이의 감정을 담은 시.

행   연   동시   낭송   시어

4 무슨 낱말일까요?

✏️ 빈칸에 알맞은 낱말을 넣어 문장을 완성하세요.

(1) 아버지는 노래 한 곡을 | 바 | 보 | 하여 들으셨어요.

* 같은 일을 자꾸 함. 🅱️ 되풀이

(2) 팥쥐는 콩쥐의 물건을 | 어 | ㅈ | 로 | 빼앗았어요.

* 원하지 않는 일을 강제로.

(3) 재훈이는 | 퍼 | ㅅ | 에도 목욕을 삼십 분 넘게 해요.

* 특별한 일이 없는 보통 때. 🅱️ 평상시

(4) 현진이와 | ㄷ | ㅎ | 를 나누면 즐거워요.

* 마주 대하여 주고받는 이야기.

(5) 할아버지는 우리 옆 | 도 | ㄴ | 에 사세요.

* 사람들이 생활하는 여러 집이 모여 있는 곳.

(6) 우리는 마을 옆 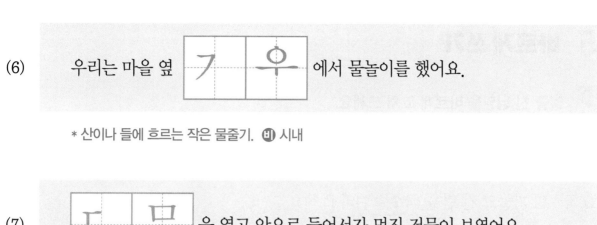 에서 물놀이를 했어요.

＊ 산이나 들에 흐르는 작은 물줄기. 🔵 시내

(7) 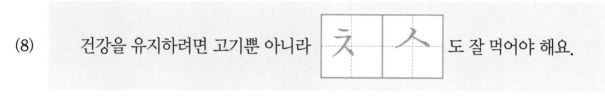 을 열고 안으로 들어서자 멋진 건물이 보였어요.

＊ 집 바깥으로 나가거나 안으로 들어가기 위해 만든 커다란 문.

(8) 건강을 유지하려면 고기뿐 아니라  도 잘 먹어야 해요.

＊ 밭에서 기르는 식물. 🔵 야채

(9) 저는 어머니와 같이 과일 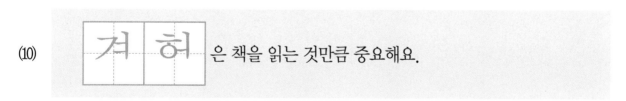 에서 사과를 사 왔어요.

＊ 물건을 차려놓고 파는 집.

(10) 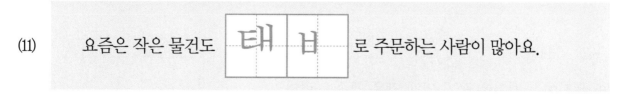 은 책을 읽는 것만큼 중요해요.

＊ 자신이 실제로 해 보거나 겪어 봄. 🔵 체험

(11) 요즘은 작은 물건도 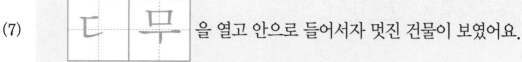 로 주문하는 사람이 많아요.

＊ 우편물이나 짐, 상품 등을 요구하는 장소까지 직접 배달해 주는 일.

5 바르게 쓰기

 밑줄 친 낱말을 바르게 고쳐 쓰세요.

(1) 국수의 가늘고 긴 면을 '국수발'이라고 해요.

(2) 풀잎에 이슬이 아름답게 맷쳤다.

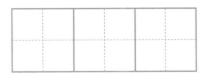

(3) 바나나는 노랗고, 사과는 빨게.

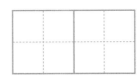

(4) 형은 숫가락으로 국물을 떠먹었어요.

(5) 동생은 아직 젇가락을 못 써요.

(6) 윤정이는 시간을 끌기 위해 말을 계속 늘렸다.

6 원고지 쓰기

 다음 문장을 괄호 안의 횟수만큼 띄워서 원고지에 옮겨 쓰세요.

(1) 다섯글자로말놀이를하자. (3)

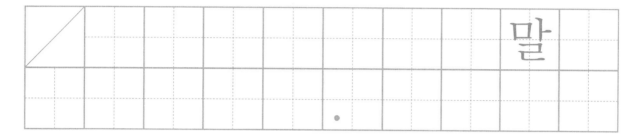

(2) 우리대문앞에강아지가서있어요. (5)

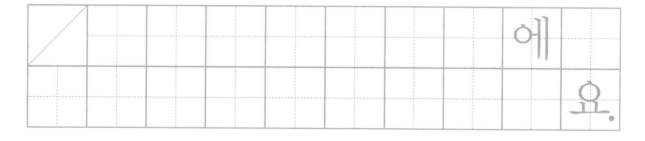

(3) 꿀벌은춤으로다른꿀벌들에게위치를알려주어요. (6)

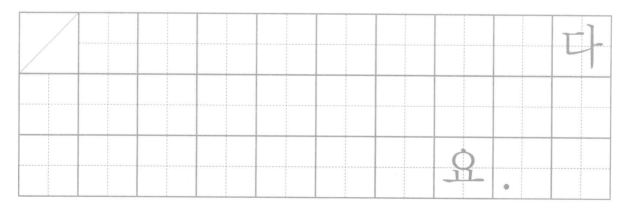

제 **5** 과 　겪은 일을 나타내요(1)

1 그림일기를 써요

✏️ 그림일기를 쓰는 방법입니다. 빈칸에 알맞은 낱말을 쓰세요.

```
날씨     하루     그림     인상
```

(1) ⬚⬚ 에 겪은 일 중에서 한 것, 본 것, 들은 것을 떠올립니다.

(2) 떠올린 것 중에서 가장 ⬚⬚ 깊었던 일을 고릅니다.

(3) 위쪽에는 날짜와 요일, ⬚⬚ , 제목을 씁니다.

(4) 인상 깊었던 일을 ⬚⬚ 으로 그립니다.

다음은 생각그물입니다. 자신이 오늘 겪은 일을 떠올려 빈칸을 자유롭게 채우세요.

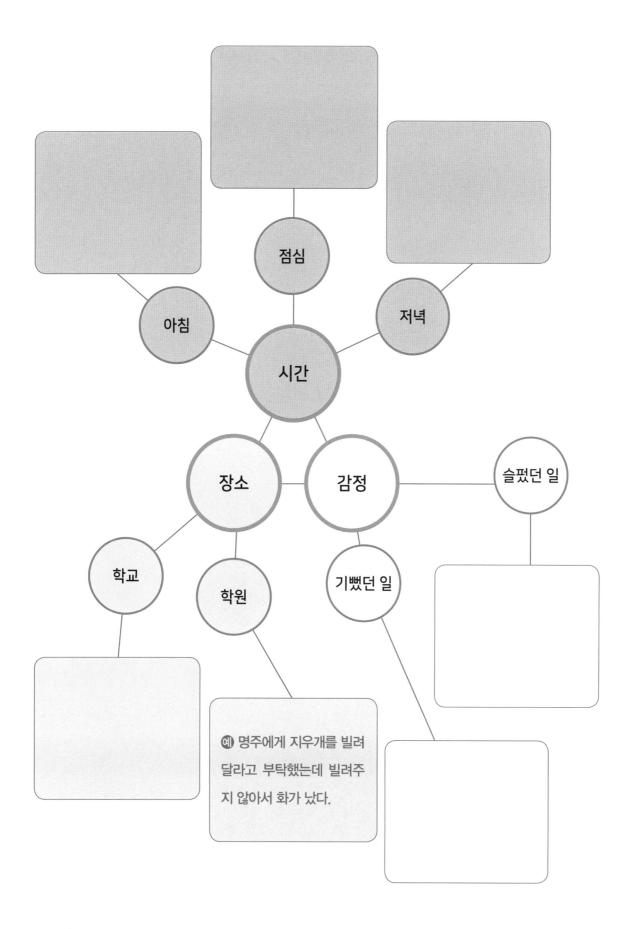

예 명주에게 지우개를 빌려 달라고 부탁했는데 빌려주지 않아서 화가 났다.

2 무슨 낱말일까요?

다음을 읽고, 빈칸에 동그라미 안의 자음자로 시작하는 낱말을 쓰세요.

(1)

예 그날 겪은 일 중에 가장 기억에 남는 것을 ㅇ ㄱ 로 써요.

뜻 하루 동안 자기가 겪은 일과 그 일에 대한 생각이나 느낌을 적은 글.

(2)

예 이 ㅇ ㅁ 에 물고기가 살아요.

뜻 넓고 오목한 땅에 물이 고여 있는 곳.

(3)

예 유리는 빨간 딸기를 보며 ㄱ ㅊ 을 삼켰어요.

뜻 맛있는 것을 먹고 싶을 때에 입안에 생기는 침.

(4)

예 영효는 부모님과 외할아버지 ㄴ ㅈ 에 갔어요.

뜻 땅과 기구 등을 갖추고 농사를 짓는 곳.

(5)

예 장미꽃이 ⓗ ⓦ 피었어요.

뜻 꽃잎이 넓게 핀 모양.

(6)

예 나뭇잎이 물 위에 ⓓ ⓓ 떠다녀요.

뜻 작은 것이 물 위에 떠서 가볍게 움직이는 모양.

(7)

예 나무에서 열매가 ⓣ ⓣ 떨어져요.

뜻 작은 것이 자꾸 튀거나 떨어지는 소리나 모양.

(8)

예 가을이 되면 낙엽이 ⓞ ⓢ ⓢ 떨어져요.

뜻 바람에 나뭇잎 등이 많이 떨어지는 소리나 모양.

(9)

예 아이들이 박물관 앞에 ⓙ ⓡ ⓡ 앉아 있어요.

뜻 작은 것들이 한 줄로 나란히 있는 모양.

3 꾸며 주는 말

✏️ 다음 문장의 빈칸에 가장 잘 어울리는 낱말을 찾아 쓰세요.

(1) 귤이 ⬜⬜⬜⬜ 아주 맛있어요.

(2) 눈사람을 만들려고 눈을 ⬜⬜⬜⬜ 뭉쳤어요.

(3) 바람개비가 ⬜⬜⬜⬜ 원을 그리며 돌아요.

(4) 이 산에는 멋진 바위들이 ⬜⬜⬜⬜ 솟아 있어요.

┌─────────────────────────────────┐
│   빙글빙글   동글동글   │
│   새콤달콤   울퉁불퉁   │
└─────────────────────────────────┘

(5) 아기가 어머니에게 　　　　 걸어가요.

(6) 감나무에 감이 　　　　 열렸어요.

(7) 어머니께서 빨래를 　　　　 개셨어요.

(8) 굴뚝 위로 연기가 　　　　 피어올라요.

(9) 빨간 산딸기가 　　　　 달려 있어요.

차곡차곡　　　　뭉게뭉게　　　　주렁주렁

조롱조롱　　　　뒤뚱뒤뚱

4 바르게 쓰기

✏️ 밑줄 친 낱말을 바르게 고쳐 쓰세요.

(1) 구름 한 점 없이 <u>말근</u> 날씨가 좋아요.

(2) 우리는 <u>받</u>에 앉아서 감자를 캤어요.

(3) <u>개굴이</u>가 개굴개굴 울어요.

(4) 포도는 껍질을 벗긴 뒤 <u>알멩이</u>를 먹어요.

(5) 조개의 <u>껍떼기</u>는 아주 단단해요.

(6) 자신의 생각이나 느낌을 <u>자새하게</u> 써요.

제 **6** 과   겪은 일을 나타내요(2)

1 어떤 느낌일까요?

 다음 그림을 보고 알맞은 낱말을 선으로 이으세요.

(1)

진흙이나 반죽 등이 물기가 많아
매우 보드랍다(거칠거나 빳빳하지 않다).

•

(2)

꽤 보드라운 느낌이 있다.

•

•
㉠

보드레하다

•
㉡

잘바닥잘바닥하다

2 무슨 낱말일까요?

 빈칸에 알맞은 낱말을 넣어 문장을 완성하세요.

(1) 꾸며 주는 말을 쓰면 생각을  하게 나타낼 수 있어요.

* 바르고 확실함.

(2) 비가 와서 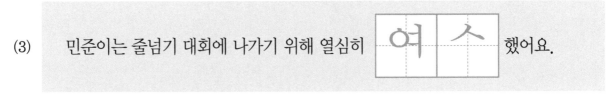 을 썼어요.

* 비가 올 때 손에 들고 펴서 머리 위를 가리는 물건.

(3) 민준이는 줄넘기 대회에 나가기 위해 열심히 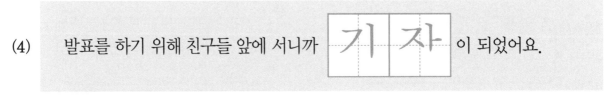 했어요.

* 어떤 일을 익숙하도록 반복하여 익힘. 비 훈련

(4) 발표를 하기 위해 친구들 앞에 서니까  이 되었어요.

* 마음을 놓지 못하고 정신을 바짝 차림.

(5) 준환이가 상을 받자 모두 바 ㅅ 를 쳤어요.

* 기쁨, 축하 등을 나타내려고 두 손을 마주 치는 것.

3 비슷한말, 반대말

 밑줄 친 낱말의 비슷한말이나 반대말을 빈칸에 쓰세요.

(1)
민지가 화단에 꽃을 새로 심었어요.

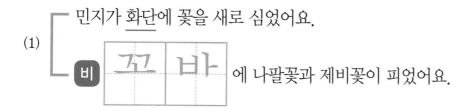
비 꽃밭 에 나팔꽃과 제비꽃이 피었어요.

(2)
어떤 것이 처음 시작되는 곳을 시작점이라고 해요.

선수들이 비 출발선 에서 출발 신호를 기다려요.
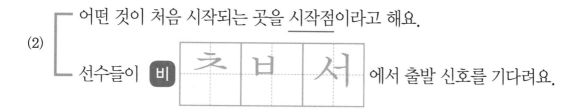

(3)
우리 동네에는 넓은 공원이 있어요.

학교를 갈 때 반 좁은 골목길을 지나가요.

(4)
봄이 되면 꽃이 피고 나비가 날아다녀요.

꽃이 반 지고 열매가 열렸어요.
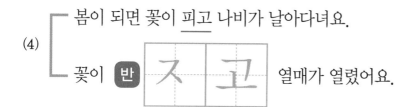

(5)
소가 뚜벅뚜벅 느리게 걸어요.

자동차가 쌩쌩 반 빠르게 달려요.

4 무슨 뜻일까요?

✏️ 밑줄 친 낱말의 뜻을 찾아 번호를 쓰세요.

(1) 병준이는 자기 생각을 공책에 <u>자세히</u> 적었어요.　　　　　（　　）

　① 이해하기가 쉽지 않게.

　② 매우 간단하게 성의 없이.

　③ 작은 부분까지 분명히.

(2) 꿈속에서 있었던 일이 <u>생생하게</u> 떠올랐어요.　　　　　（　　）

　① 분명하지 아니하고 흐릿하게.

　② 바로 눈앞에서 보는 것처럼 또렷하게.

　③ 긴 시간이 지난 뒤에.

(3) 내 짝꿍 지후는 <u>화창한</u> 날씨를 좋아해요.　　　　　（　　）

　① 맑고 따뜻한.

　② 해가 뜨지 않아 어두운.

　③ 비가 세차게 내리는.

(4) <u>입가</u>에 밥풀이 붙은 줄도 모르고 밥을 맛있게 먹었어요.　　　（　　）

　① 사람의 입 아래에 뾰족하게 나온 부분.

　② 입의 가장자리.

　③ 윗입술과 코 사이에 오목하게 파인 곳.

5 같은 소리, 다른 뜻

 글자의 소리는 같지만 뜻이 다른 낱말이 있어요. 문장을 읽고 괄호 안에 공통으로 들어갈 낱말을 쓰세요.

(1)
① 제주도에 놀러 가서 (　　　)을 탔어요.

② 정수는 긴장해서 (　　　)이 제대로 나오지 않았어요.

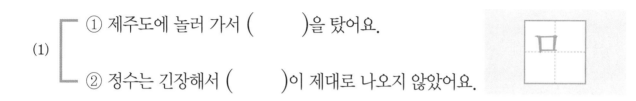

(2)
① 오늘 하루 동안 많은 (　　　)이 있었어요.

② (　　　) 더하기 삼은 사예요.

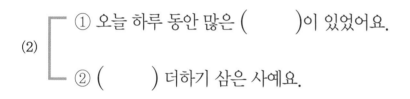

(3)
① 하루 내내 (　　　)이 세차게 불어요.

② 제 (　　　)대로 내일 날씨가 맑으면 좋겠어요.

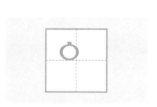

(4)
① 세호는 (　　　)를 내서 손을 들었어요.

② 윤성이는 먹고 남은 음식을 (　　　)에 담았어요.

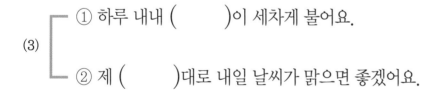

6 바꾸어 쓰기

 밑줄 친 부분을 한 낱말로 바꾸어 쓰세요.

(1) 건영이는 몹시 <u>마음에 들지 않아 분한</u> 얼굴로 씩씩거렸어요.

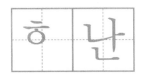

(2) 거북선은 매우 <u>단단하고 강한</u> 배예요.

(3) 해변에 나가니 몹시 <u>센</u> 파도가 계속 몰려왔어요.

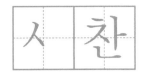

(4) 동주는 창문을 열다가 <u>조심하지 아니하여 저지른 잘못</u>으로 화분을 깼어요.

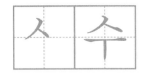

(5) 도서관에서 <u>어떤 관계도 없이 뜻하지 않게</u> 선화를 만났어요.

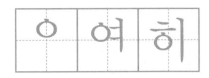

7 십자말풀이

 가로 열쇠와 세로 열쇠를 잘 읽고, 빈칸을 채우세요.

	(1)		(8)	
(2)				
용			(7)	(6)
(3)		(4)		
		(5)		

가로 열쇠

(2) 소리 없이 빙긋이 웃는 웃음.

(3) 봄, 여름, 가을, 겨울의 네 계절.

(5) '좋다–나쁘다'처럼 뜻이 서로 반대되는 말.

(7) 대표자나 임원을 투표 등의 방법으로 뽑는 일.

(8) 몸이나 물건을 비추어 보는데 쓰는, 유리로 된 판.

세로 열쇠

(1) 상추, 오이, 시금치처럼 먹기 위해 밭에서 기르는 식물. 🛈 야채

(2) 남의 머리를 자르고 매만져 주는 일을 직업으로 하는 사람.

(4) 하나를 나눈 반.

(6) 남을 속이려고 참인 것처럼 꾸민 말.

(8) 조선 시대에 이순신 장군이 만든 거북처럼 생긴 배.

제 7 과 분위기를 살려 읽어요(1)

1 외래어

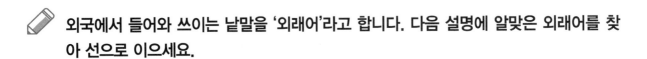 외국에서 들어와 쓰이는 낱말을 '외래어'라고 합니다. 다음 설명에 알맞은 외래어를 찾아 선으로 이으세요.

(1) 돈을 받고 손님을 원하는 곳까지 태워 주는 일을 하는 자동차. •

• ㉠ 비닐

(2) 봉지, 포장지 등을 만드는 데에 쓰이는, 공기가 통하지 않고 질긴 물질. •

• ㉡ 스웨터

(3) 놀이나 스포츠 등에 쓰이는, 작은 돛을 단 배. •

• ㉢ 샤워

(4) 털실로 두툼하게 짜서 만든 윗옷. •

• ㉣ 요트

(5) 물을 비처럼 쏟아지게 하는 장치를 써서 몸을 씻는 일. •

• ㉤ 택시

2 '집고'와 '짓고'

 다음 낱말들의 뜻을 읽고, 알맞은 낱말에 동그라미 하세요.

집고	: 손가락 등으로 물건을 잡아서 들고.
짓고	: 재료를 써서 밥이나 집, 약 등을 만들고.

(1) 병찬이는 마음에 드는 장난감을 (집고 / 짓고) 계산대로 걸어갔어요.

(2) 할아버지는 집을 새로 (집고 / 짓고) 넓은 마당에 꽃과 나무도 심으셨어요.

끌고	: 바닥에 닿은 물건을 잡아당기고.
끓고	: 몹시 뜨거워져 소리를 내면서 거품이 솟아오르고.

(3) 용찬이는 다친 다리를 (끌고 / 끓고) 다녔어요.

(4) 냄비에서 찌개가 자글자글 (끌고 / 끓고) 있어요.

떨어서	: 빠르게 되풀이하여 흔들어서.
덜어서	: 전체에서 일부를 떼어 줄이거나 적게 해서.

(5) 미윤이는 반찬을 (떨어서 / 덜어서) 지민이에게 나누어 주었어요.

(6) 강아지는 몸을 파르르 (떨어서 / 덜어서) 물기를 털어 냈어요.

3 겹받침

> '흙', '값'의 받침 'ㄺ'과 'ㅄ'과 같이 받침에 서로 다른 두 자음자가 오는 것을 '겹받침'이라고 합니다. 겹받침에는 'ㄺ', 'ㅄ', 'ㄳ', 'ㄵ', 'ㄶ', 'ㄼ', 'ㄾ' 등이 있습니다.

 다음 낱말들을 각각의 종류에 맞게 빈칸에 쓰세요.

못	닭 낚시 가위
꺾다	넓다 먹었다 흐리다

(1) 받침이 없는 낱말 |

(2) 쌍받침이 있는 낱말 |

(3) 겹받침이 있는 낱말 |

(4) 의자에 앉다

(5) 줄을 끊다

(6) 책을 읽다

(7) 얼굴이 닮다

(8) 물이 끓다

(9) 발을 밟다

4 무슨 낱말일까요?

✏️ 빈칸에 알맞은 낱말을 넣어 문장을 완성하세요.

(1) 우철이가 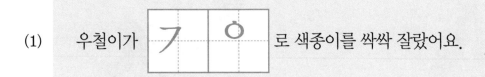 로 색종이를 싹싹 잘랐어요.

* 날이 있는 두 쇠붙이의 가운데를 고정하여 물건을 자르는 도구.

(2) 어부가 던진 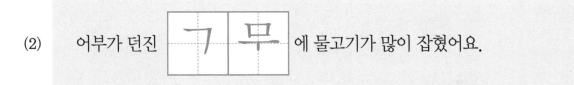 에 물고기가 많이 잡혔어요.

* 끈이나 실 등을 구멍이 나게 가로세로로 엮어 만든 물건.

(3) 우체국에서는 우편물을 배달할 지역별로 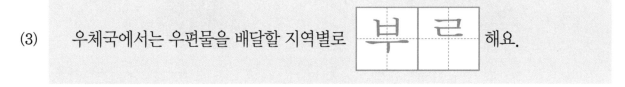 해요.

* 여럿 중에서 같은 성질을 가진 것끼리 종류에 따라서 나눔.

(4) 명재와 지연이는 학생들이 만든 환경 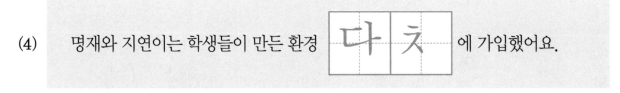 에 가입했어요.

* 같은 목적을 가지고 모인 사람들의 조직.

(5) 상화는 선생님께 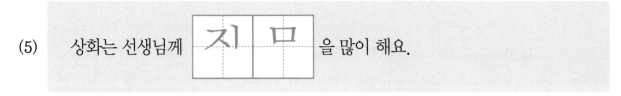 을 많이 해요.

* 모르는 것이나 알고 싶은 것을 물음.

(6) 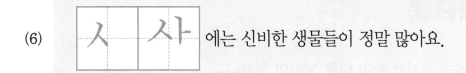 에는 신비한 생물들이 정말 많아요.

 * 생명체가 살고 있는 지구.

(7) 현경이는 어젯밤 꿈에서 커다란 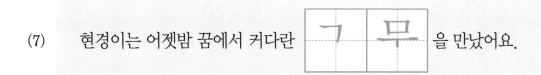 을 만났어요.

 * 보통과 다르게 이상하게 생긴 사람이나 물체.

(8) 바다 위에 빨간  가 줄지어 둥둥 떠 있어요.

 * 물 위에 띄워 위치 등을 알려 주는 물건.

(9) 골목길 한구석에 플라스틱 쓰레기 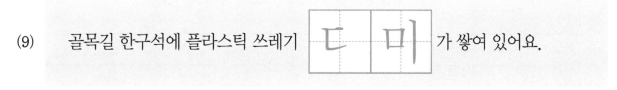 가 쌓여 있어요.

 * 많은 물건이 한데 모여 쌓인 큰 덩어리.

(10) 동진이는 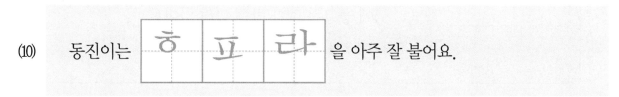 을 아주 잘 불어요.

 * 입술을 동그랗게 오므리고 그 사이로 입김을 불어서 소리를 내는 것.

(11) 초희가 읽은 시에서 슬픈 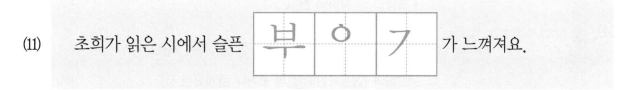 가 느껴져요.

 * 문학 작품에 깔려 있는 느낌.

5 같은 소리, 다른 뜻

 글자의 모양과 소리는 같지만 뜻이 다른 낱말이 있습니다. 괄호 안에 공통으로 들어갈 낱말을 빈칸에 쓰세요.

(1)

① 어머니의 (　　　)은 정말 따뜻해요.

　　* 두 팔을 벌려 안을 때의 가슴.

② 이 일은 (　　　)이 많이 들어서 힘들어요.

　　* 어떤 일을 하는 데에 드는 힘이나 수고.

(2)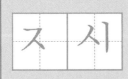

① 지훈이는 누구보다 (　　　)을 사랑하는 친구예요.

　　* 그 사람. 🛈 자기

② 주호는 무슨 일을 하든지 (　　　)이 넘쳐요.

　　* 어떤 일을 할 수 있다고 스스로 생각하는 믿음.

(3)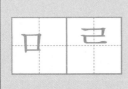

① 할아버지 댁은 (　　　)가 아주 넓어요.

　　* 안방과 맞은편에 있는 건넌방 사이에 나무판을 깔아 놓은 곳.

② (　　　)에 둥그런 해가 반쯤 걸려 있어요.

　　* 등줄기가 있는 산이나 지붕 등의 꼭대기.

(4)

① 수많은 풍선이 (　　　)에 둥둥 떠다녀요.

　　* 하늘과 땅 사이의 빈 곳.

② 우리 모두 (　　　) 도덕을 잘 지켜야 해요.

　　* 사회의 많은 사람이 함께 쓰거나 관계되는 것.

6 십자말풀이

✏️ **가로 열쇠와 세로 열쇠를 잘 읽고, 빈칸을 채우세요.**

		(3) 명		(4)
	(2)			지
(1)			(5)	
수		(6)		
			(7)	

가로 열쇠

(1) 강에 흐르는 물.

(2) 어떤 대상을 아끼고 소중히 여기는 마음.
🔵 애정

(3) 윗사람이 아랫사람에게 무엇을 시키는 내용을 적은 글.

(5) 날마다 자신이 겪은 일이나 생각, 느낌 등을 사실대로 적은 글.

(6) 이전의 잘못을 깨닫고 뉘우침.

(7) 개인이 특별한 목적 없이 자유롭게 쓸 수 있는 돈.

세로 열쇠

(1) 일정한 기간에 어떤 장소에 비나 눈 등으로 떨어지는 물의 양.

(2) 세상의 온갖 물건.

(3) 성격이나 기분 등이 유쾌하고 활발함.

(4) 드나드는 문을 지키는 사람.

(5) 한 번만 쓰고 버림.

제 **8** 과 분위기를 살려 읽어요(2)

1 꾸며 주는 말

 여러 가지 꾸며 주는 말입니다. 다음 뜻에 알맞은 말을 찾아 쓰세요.

깜박깜박   데굴데굴   꼬박꼬박

뚜벅뚜벅   새근새근

---

(1) 불빛이나 별빛 등이 자꾸 어두워졌다 밝아지는 모양.

(2) 일정한 속도로 힘 있게 똑바로 걷는 모양.

(3) 단단하고 둥근 물건이 계속 굴러가는 모양.

(4) 곤히 잠든 아기가 조용히 숨을 쉬는 소리.

(5) 조금도 어김없이 일정하게 계속하는 모양.

2 김밥

온전한 뜻을 가진 낱말들이 합쳐져 새 낱말을 만들기도 합니다.

김 + 밥 → 김밥

두 그림이 나타내는 낱말을 합쳐서 새 낱말을 완성하세요.

(1)
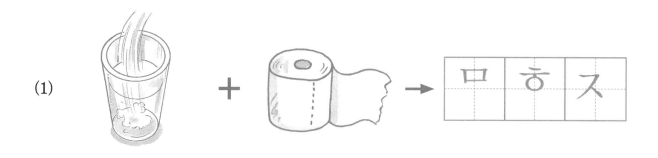

ㅁ ㅎ ㅈ

(2)

ㅇ ㄱ ㅂ

3 토박이말

✏️ 토박이말은 우리말에 원래부터 있었거나 그것에 기초하여 새로 만들어진 낱말을 말합니다. 빈칸에 알맞은 토박이말을 찾아 쓰세요.

(1) 강우가 이를 닦고 나서 ☐☐☐ 을 해요.

      * 물 같은 것으로 볼의 안을 깨끗이 씻음.

(2) 밤하늘에 보이는 ☐☐☐ 는 정말 아름다워요.

      * '은하수(밤하늘에 강물처럼 길게 보이는 별 무리)'를 가리키는 말.

(3) 아침 일찍 나간 형은 ☐☐☐ 이 되어서야 돌아왔어요.

      * 해가 질 즈음.

(4) 주말이 되니 ☐☐☐ 에도 차가 아주 많아요.

      * 도로나 철도 등에서, 사고가 일어나거나 교통이 막히지 않도록 신호 없이 다닐 수 있게 한 시설.

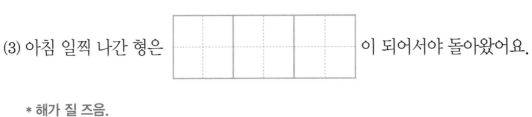

| 미리내 | 나들목 | 볼가심 | 해거름 |

4 바르게 읽어요

겹받침이 있는 글자 뒤에 'ㅇ'으로 시작하는 글자가 오면, 두 번째 자음자를 뒷말로 자연스럽게 넘겨 읽습니다.

맑음 → [말금]

✎ 밑줄 친 부분을 소리 나는 대로 쓰세요.

(1) 신발에 흙이 잔뜩 묻었어요.   [   ]

(2) 지렁이도 밟으면 꿈틀해요.   [   ]

(3) 내 몫은 스스로 챙겨야 해요.   [   ]

(4) 집 앞 놀이터에 아이들이 한 명도 없어요.   [   ]

(5) 종현이는 아이스크림을 핥아 먹었어요.   [   ]

5 무슨 뜻일까요?

✏️ **밑줄 친 낱말의 뜻을 찾아 번호를 쓰세요.**

(1) 사랑이는 <u>보통</u> 아침 7시에 일어나요.　　　　　(　　)

　　① 한참 지나서 한 번씩.

　　② 언제나 변함없이.

　　③ 일반적으로 흔하게.

(2) 왕호는 <u>응달</u>에서 잠시 쉬었어요.　　　　　　(　　)

　　① 햇볕이 잘 들지 않는 그늘진 곳.

　　② 햇볕이 잘 드는 곳.

　　③ 길을 가는 사람들이 잠깐 쉴 수 있도록 만들어 놓은 곳.

(3) 하루 동안 눈이 <u>함빡</u> 내렸어요.　　　　　　(　　)

　　① 심하지 않게 조금.

　　② 남을 정도로 넉넉하게.

　　③ 시간을 두고 가끔씩.

(4) 윤정이는 선생님과의 약속을 <u>실천했어요</u>.　　(　　)

　　① 다르게 바꾸어 새롭게 고쳤어요.

　　② 지키지 않았어요.

　　③ 행동으로 옮겼어요.

6 비슷한말, 반대말

 밑줄 친 낱말의 비슷한말이나 반대말을 빈칸에 쓰세요.

(1)
정철이는 산 정상에 오른 뒤 의자에 앉아 <u>휴식했어요</u>.

화정이는 감기에 걸려서 침대에 누워 (비) | ㅅ | 어 | 어 | 요 |.

(2)
은빈이는 부모님에 대한 <u>애정</u>이 아주 커요.

나무가 미혜의 (비) | ㅅ | 랑 | 을 받아 무럭무럭 자라요.

(3)
동물원에 가니 <u>늙은</u> 곰이 힘들게 걷고 있었어요.

버스에서 (반) | 저 | 은 | 청년이 할머니의 짐을 들어 주었어요.

(4)
성은이는 친구들 중에 제일 <u>늦게</u> 약속 장소에 도착했어요.

영란이는 항상 부모님보다 (반) | 이 | 쯔 | 일어나요.

(5)
이 초콜릿은 저 초콜릿보다 <u>덜</u> 달아요.

재관이는 기환이보다 달리기가 (반) | ㄷ | 빨라요.

7 바르게 쓰기

 밑줄 친 낱말을 바르게 고쳐 쓰세요.

(1) 이 <u>재품</u>은 매우 튼튼해요.

(2) 필통 안에 연필 <u>여덜</u> 자루가 있어요.

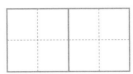

(3) 동물에게 <u>함브러</u> 먹이를 주지 마시오.

(4) 날이 추우니 <u>목돌이</u>를 꼭 두르고 가렴.

(5) 다리를 다친 고양이가 <u>가엾게</u> 느껴졌어요.

(6) 연재는 <u>슬그먼이</u> 방 안을 빠져나왔어요.

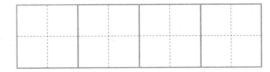

8 원고지 쓰기

✏️ **다음 문장을 괄호 안의 횟수만큼 띄워서 원고지에 옮겨 쓰세요.**

(1) 식탁위에다양한과일이있어요.(4)

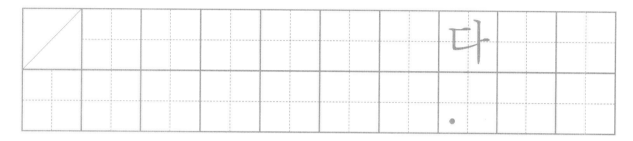

(2) 날이흐려지더니갑자기비가왔어요.(4)

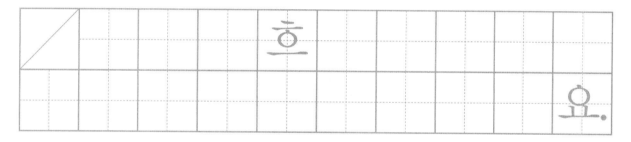

(3) 현진이는반친구들과함께놀이동산으로소풍을갔어요.(6)

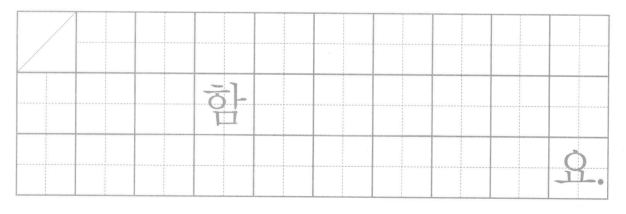

마음을 짐작해요(1)

1 민속놀이

 다음 그림을 보고 알맞은 민속놀이 이름을 찾아 쓰세요.

딱지치기	제기차기	그네뛰기	윷놀이

(1)

(2)

(3)

(4)

2 길

낱말 풀이를 읽고, 공통으로 '–길'이 들어가는 낱말을 쓰세요.

(1)

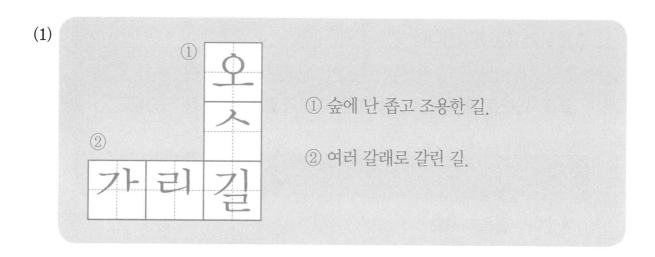

① 오솔길 — ① 숲에 난 좁고 조용한 길.

② 갈림길 — ② 여러 갈래로 갈린 길.

① 어머니와 함께 낙엽이 쌓인 (   )을 걸었어요.

② 저기 (   )에서 오른쪽으로 가면 우체국이 있어요.

(2)

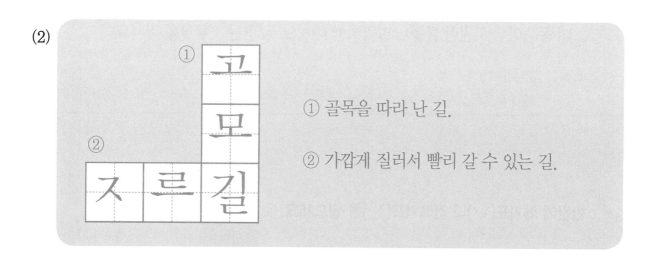

① 골목길 — ① 골목을 따라 난 길.

② 지름길 — ② 가깝게 질러서 빨리 갈 수 있는 길.

① 현승이네 집은 (   ) 끝에 있어요.

② 이 길이 학교로 가장 빨리 갈 수 있는 (   )이에요.

3 띄어 읽기

∨ (쐐기표)는 조금 쉬어 읽는 표시이고, ⩔ (겹쐐기표)는 ∨ 보다 조금 더 길게 쉬어 읽는 표시입니다.

글을 자연스럽게 띄어 읽는 방법에는 다음과 같이 세 가지가 있습니다.

> 1. '누가(무엇이)' 다음에는 ∨를 쓰고 조금 쉬어 읽습니다.

동생이∨물을 마셔요.

> 2. 문장이 길면 '누구를(무엇을)' 뒤에 ∨를 쓰고 조금 쉬어 읽습니다.

내 동생이∨시원한 물을∨벌컥벌컥 마셔요.

> 3. 문장과 문장 사이에서는 ⩔ 를 쓰고 조금 더 쉬어 읽습니다.

내 동생이∨시원한 물을∨벌컥벌컥 마셔요.⩔형은∨우유를 마셔요.

 빈칸에 쐐기표(∨)나 겹쐐기표(⩔)를 넣으세요.

(1) 하얀 구름이 ☐ 떠 있어요.

(2) 번개가 쳤어요. ☐ 엄청 무서웠어요.

(3) 아기가 ☐ 방긋방긋 웃어요. ☐ 아기의 모습이 ☐ 무척

귀여워요.

(4) 지효가 ☐ 맛있는 과자를 ☐ 잔뜩 사 왔어요. ☐

친구들은 ☐ 그 과자를 ☐ 맛있게 먹었어요.

🖊 **다음 빈칸 중에서 ∨(쐐기표)나 ⩔(겹쐐기표)가 들어가지 <u>않는</u> 곳을 찾으세요.**

(5) 세종 대왕은 ① 우리나라만의 글을 ② 만들고 ③ 싶었

어요. ④ 그래서 훈민정음을 ⑤ 만들었어요.

4 무슨 낱말일까요?

 빈칸에 알맞은 낱말을 넣어 문장을 완성하세요.

(1) 놀이동산에 간 아이들은 모두 즐거운  을 지었어요.

    ＊ 얼굴에 드러나는 여러 가지 마음속의 기분.

(2) 이 사진 속에는 가족 여행의  이 담겨 있어요.

    ＊ 지난 일을 돌이키는 생각.

(3) 재윤이는  에서 낙지를 잡았어요.

    ＊ 바닷물이 드나드는 넓은 땅. ⨋ 개펄

(4)  을 누르자 현수가 문을 열어 주었어요.

    ＊ 건물 밖에서 건물 안의 사람을 부르는 데에 쓰는 종.

(5) 아이가  을 사달라고 떼를 써요.

    ＊ 아이들이 가지고 노는 여러 가지 물건.

(6) 저 산  에는 무엇이 있을까요?

　　* 가로막은 사물의 저쪽 건너편.

(7) 민희는 현주가 묻는 말에 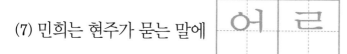 대답했어요.

　　* 시간을 끌지 않고 바로. ❷ 곧

(8) 유진이는 약속 시간이  지나고 나서야 나타났어요.

　　* 시간이 꽤 지나는 동안.

(9) 나는 꽃잎을  만져 보았어요.

　　* 힘을 들이지 않고 가볍게.

(10)  소나기가 쏟아졌어요.

　　* 미리 준비하거나 생각할 틈도 없이 급하게.

(11) 빙판길에 미끄러지지 않도록 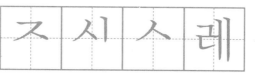 걸어요.

　　* 잘못이나 실수가 없도록 정신을 차리고 주의 깊게.

5 물건을 세는 말

 물건을 세는 말을 빈칸에 알맞게 쓰세요.

(1) 나무꾼은 도끼를 세  나 들고 산에서 내려왔어요.

* 길쭉하게 생기고 손잡이가 달린 도구를 세는 말.

(2) 해민이는 겨울이 되자마자 내복 두  을 샀어요.

* 옷을 세는 말.

(3) 이순신 장군은 배 열두 으로 적을 물리쳤어요.

* 배를 세는 말.

(4) 놀부는 집을 세 나 가진 부자예요.

* 집을 세는 말.

(5) 세호야, 시장에 가서 두부 한 사다 주겠니?

* 일정한 모양으로 만들어 놓은 두부나 묵 등을 세는 말.

6 십자말풀이

 가로 열쇠와 세로 열쇠를 잘 읽고, 빈칸을 채우세요.

		(3)	료	(4)
	(2)			
(1)			(5)	
사		(6)		

가로 열쇠

(1) 어떤 일을 해내는 재주.

(2) 어느 해의 어느 달 며칠에 해당하는 그날.

(3) 의사가 환자를 진찰하고 치료하는 방.

(5) 비나 눈이 올 때 신는 목이 긴 신발.

(6) 노랫말을 지음.

세로 열쇠

(1) 설탕을 솜처럼 부풀려서 만든 과자.

(2) 그날그날 비, 구름, 바람, 기온 등의 기상 상태.

(3) 거짓이 아닌 참된 것. 🔵 가짜

(4) 건물의 안에서만 신는 신발.

(5) 이익을 얻으려고 물건을 파는 일.

(6) 인사를 나누고 서로 헤어짐. 🔵 이별

제 **10** 과 **마음을 짐작해요(2)**

1 그림 보고 낱말 맞히기

 그림과 설명에 알맞은 낱말을 찾아 쓰세요.

(1)

> ☞ 기름을 담고 심지를 달아서, 불을 켜는 데 쓰는 그릇.

> 풀을 뽑거나 감자, 고구마 등을 캘 때 쓰는 기구. ☞

(2)

(3)

> ☞ 단단하고 둥글며 납작한 껍 데기로 몸을 싸고 있는 동물.

> 발로 밟거나 눌러서 기 계를 움직이게 하는 것. ☞

(4)

등잔　　　조개　　　페달　　　호미

2 무슨 뜻일까요?

✏️ **밑줄 친 낱말의 뜻을 찾아 번호를 쓰세요.**

(1) 이 자전거는 내게 무척 <u>소중한</u> 물건이에요.　　　　(　)

　① 매우 귀하고 중요한.

　② 중요하지 않은.

　③ 값이 보통보다 높은.

(2) 찬호는 <u>설레는</u> 마음으로 자기 차례를 기다렸어요.　　(　)

　① 걱정스러워 편안하지 않은.

　② 들떠서 두근거리는.

　③ 같은 일이 자꾸 되풀이되어 재미가 없고 싫은.

(3) 현민이는 새로 이사 온 집이 <u>낯설었어요.</u>　　　　(　)

　① 두려운 느낌이 들어 불안했어요.

　② 여러 번 보아서 익숙했어요.

　③ 전에 본 기억이 없어 익숙하지 않았어요.

(4) 아이들이 발표를 하려고 <u>다투어</u> 손을 들었어요.　　(　)

　① 남보다 먼저 하거나 잘하려고 서두르며.

　② 동작이나 태도가 급하지 않고 느리게.

　③ 남의 마음이나 태도를 살피며.

3 '마치다'와 '맞히다'

 다음 낱말의 뜻을 읽고 알맞은 낱말에 동그라미 하세요.

| 마치다 | : 일을 다 하여 끝이 나다. |
| 맞히다 | : 물체를 쏘거나 던져서 다른 물체에 닿게 하다. |

(1) 수현이가 수업을 (마치고 / 맞히고) 시장에서 떡볶이를 사 먹었어요.

(2) 수현이가 농구공으로 현주를 (마치고 / 맞히고) 바로 사과했어요.

| 다치다 | : 부딪치거나 맞아서 상처가 생기다. |
| 닫히다 | : 열려 있던 문이나 뚜껑 등이 제자리로 가 막히다. |

(3) 급하게 뛰어가다 돌덩이에 걸려 넘어져 무릎을 (다쳤어요 / 닫혔어요).

(4) 창문이 세찬 바람 때문에 저절로 (다쳤어요 / 닫혔어요).

| 부치다 | : 편지나 물건 등을 일정한 방법으로 상대에게 보내다. |
| 붙이다 | : 맞닿아 떨어지지 않게 하다. |

(5) 영미가 하얀 편지 봉투에 우표를 (부쳤어요 / 붙였어요).

(6) 영미가 전학을 간 은주에게 편지를 (부쳤어요 / 붙였어요).

맞다	: 말이나 사실 등이 틀림이 없다.
맡다	: 코로 냄새를 느끼다.

(7) 어머니 말씀이 (맞았어요 / 맡았어요).

(8) 진구는 화단에 핀 꽃들의 향기를 (맞았어요 / 맡았어요).

반드시	: 틀림없이 꼭.
반듯이	: 모습이 비뚤어지거나 기울어지지 않게.

(9) 윤수는 책꽂이에 책을 (반드시 / 반듯이) 꽂았어요.

(10) 윤수는 미술 대회에서 (반드시 / 반듯이) 상을 받겠다고 다짐했어요.

이따가	: 시간이 조금 지난 뒤에.
있다가	: 어떤 곳에 한동안 머무르고 나서.

(11) 여기에 잠깐 (이따가 / 있다가) 나를 찾으러 와라.

(12) 네가 나를 찾으면 (이따가 / 있다가) 떡볶이 사 줄게.

4 비슷한말, 반대말

✏️ **밑줄 친 낱말의 비슷한말이나 반대말을 빈칸에 쓰세요.**

(1)
┌ 준민이는 집에서 가져온 도시락을 <u>친구</u>들과 맛있게 나눠 먹었어요.

└ 정윤이는 나의 둘도 없는 (비) 도 ㅁ 예요.

(2)
┌ 글에는 글쓴이의 지식이나 <u>경험</u>이 쓰여 있어요.

└ 내일은 친구들과 박물관으로 (비) ㅊ 허 학습을 가요.

(3)
┌ 윤미는 <u>걱정</u> 때문에 밤늦도록 잠들지 못했어요.

└ 희주는 어느 길로 가야 할지 (비) ㄱ 미 에 빠졌어요.

(4)
┌ 민구는 <u>실패</u>를 두려워하지 않는 아이예요.

└ 석현이는 여러 번 도전 끝에 결국 (반) 서 ㄱ 했어요.

(5)
┌ 미은이는 참가자 중에 <u>처음</u>으로 결승선을 통과했어요.

└ 상윤이는 달리기 대회에서 (반) ㅁ ㅈ 마 으로 들어왔어요.

5 바꾸어 쓰기

 밑줄 친 부분을 한 낱말로 바꾸어 쓰세요.

(1) 유화는 자전거를 혼자 탈 수 있게 되어 <u>기쁘고 흐뭇한 느낌이 가득했어요</u>.

(2) 유은이와 소희는 어릴 때부터 같이 지내서 <u>보통과 아주 다른</u> 사이예요.

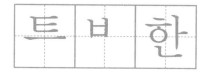

(3) 해민이네 가족은 은석이를 <u>마음이 기쁘고 흐뭇하게</u> 맞아 주었어요.

(4) 미혜는 약속 장소를 몰라 한 곳에 서 있지 않고 <u>주위를 왔다 갔다 했어요</u>.

(5) 주연이는 <u>놀라거나 다급하여 어찌할 바를 몰라서</u> 할 말을 잊어버렸어요.

6 바르게 쓰기

✎ 밑줄 친 낱말을 바르게 고쳐 쓰세요.

(1) 윤경이는 줄넘기를 꾀 잘해요.

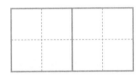

(2) 부엌에서 맛있는 냄세가 나요.

(3) 민주는 손벽을 치며 매우 기뻐했어요.

(4) 준호는 굴러오는 공을 힘것 걷어찼어요.

(5) 요환이는 보미에게 딱지치기를 가르처 주었어요.

(6) 에게게, 사탕이 이것밖에 없네?

7 원고지 쓰기

 다음 문장을 괄호 안의 횟수만큼 띄워서 원고지에 옮겨 쓰세요.

(1) 내가방을들어주어서고마워.(4)

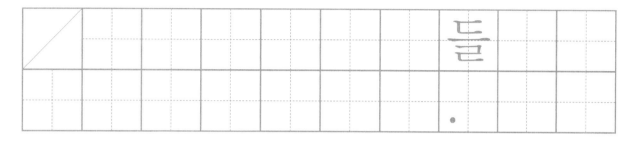

(2) 소꿉친구희영이가전학을가서슬퍼요.(4)

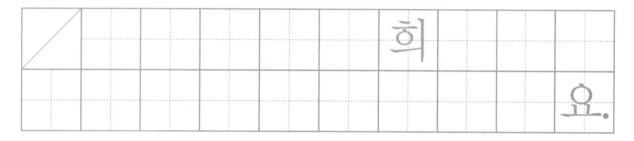

(3) 대화할때에는상대의말을귀기울여들어요.(6)

제11과 자신의 생각을 표현해요(1)

1 나무

✏️ 다음 그림을 보고, 나무의 각 부분에 알맞은 이름을 쓰세요.

(1) ㅇ

(2) ㄲ

(3) ㅇ ㅁ

(4) ㄱ

(5) 주 ㄱ

(6) ㅃ ㄹ

2 여름

 여름과 관계있는 글입니다. 빈칸에 알맞은 낱말을 넣어 문장을 완성하세요.

(1) 여름 | ㅂ | 하 | 이 되면 바다로 가족 여행을 가기로 했어요.

* 일정 기간에 수업을 쉬는 일.

(2) 나무 그늘에서 | ㄷ | ㅇ | 를 피해요.

* 여름철의 더운 기운.

(3) 바닷가에서 | ㅁ | ㄹ | 노 | 이 | 를 해요.

* 모래를 가지고 노는 일.

(4) 여름에는 맛있는 음식을 먹고 | 여 | 야 | 분 | 을 충분히 섭취해요.

* 생물이 살아가는 데에 필요한 성분.
* 섭취해요: 생물체가 영양분을 몸속에 받아들여요.

(5) 계곡이나 바다에서 안전하게 | ㅅ | 여 | 을 하고 놀아요.

* 물속을 헤엄치는 일.

3 몸

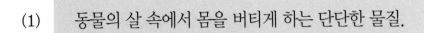 우리 몸의 부분을 나타내는 말입니다. 설명에 알맞은 낱말을 쓰세요.

(1) 동물의 살 속에서 몸을 버티게 하는 단단한 물질.　　

(2) 머리 안에 있으며, 온몸의 움직임을 관리하는 부분.　　

(3) 동물의 운동을 담당하는 기관(생물 몸의 한 부분).　　

(4) 몸에서 피가 흐르는 관(둥글고 속이 비어 있는 물건).　　

(5) 동물의 몸의 겉을 싸고 있는 껍질.　　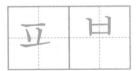

(6) 혈액을 몸 전체로 보내는 기관.　　

4 발

 발과 관계있는 낱말들입니다. 알맞은 낱말을 넣어 문장을 완성하세요.

(1)  으로 공을 차니까 공이 멀리 날아가요.

   * 발의 위쪽 부분.

(2) 이제는  을 스스로 깎아요.

   * 발가락 끝을 덮어 보호하는 단단한 물질.

(3) 누나가 발레를 보여 준다며  으로 서서 빙글 돌았어요.

   * 발의 앞 끝.

(4) 날씨가 추워서  이 시려요.

   * 발끝의 다섯으로 갈라진 부분.

(5) 형은  를 들고 살금살금 방에 들어갔어요.

   * 발바닥의 뒤쪽과 발목 사이의 불룩한 부분.

5 외래어

 외국에서 들어와 쓰이는 낱말을 '외래어'라고 합니다. 빈칸에 알맞은 외래어를 넣어 문장을 완성하세요.

(1) 소현이는 시원한 물을 [ㅋ] 에 따라 마셨어요.

   * 물이나 음료(사람이 마시는 액체) 등을 따라 마시려고 만든 그릇.

(2) 우리 가족은 [ㅂ |] 를 타고 할머니 댁에 갔어요.

   * 많은 사람이 함께 타는 대형 자동차.

(3) 형은 연필 대신 [ㅅ | ㅍ] 로 숙제를 해요.

   * 가는 심을 넣고, 그 심을 조금씩 밀어내어 쓰게 만든 필기도구.

(4) 어머니는 [보 | 펜] 으로 글씨를 멋지게 쓰셨어요.

   * 작은 알이 회전하면서 잉크를 내보내 쓰도록 만든 필기도구.

(5) 아버지는 모여 있는 [ㅍ | ㅌ | 병] 을 밖에 내다 버리셨어요.

   * 음료를 담는 일회용 병. 가볍고 잘 깨지지 않는다.

6 토박이말

✏️ 옛날부터 우리가 써 온 말을 '토박이말'이라고 해요. 빈칸에 알맞은 토박이말을 찾아 쓰세요.

벗   또래   볼우물   까치밥   여우비

---

(1) 까치 등의 새들이 먹도록 따지 않고 남겨 두는 감.

(2) 웃거나 말할 때 볼에 오목하게 들어가는 자국.

(3) 서로 마음이 통하여 가깝게 사귀는 사람. 🗐 친구

(4) 햇볕이 나 있는 날 잠깐 오다가 그치는 비.

(5) 나이나 수준이 서로 비슷한 무리.

7 같은 소리, 다른 뜻

 글자의 모양과 소리는 같지만 뜻이 다른 낱말이 있습니다. 괄호 안에 공통으로 들어갈 낱말을 빈칸에 쓰세요.

(1)
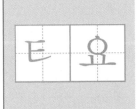

① 줄넘기 100번은 저에게 (　　)예요.

　* 정도에서 지나치게 벗어남.

② 동물들이 (　　)를 지으며 들판을 달려요.

　* 사람, 동물 등이 여럿 모여 있는 떼.

(2)
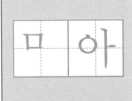

① 햇볕이 강한 곳에 오래 있으면 얼굴이 까맣게 (　　).

　* 햇볕을 오래 쬐어 피부가 검은색으로 변해요.

② 저는 겁이 많아서 무서운 놀이 기구는 못 (　　).

　* 사람이 기구나 동물 등에 몸을 얹어요.

(3)

① 3 더하기 7은 10이 (　　).

　* 문제에 대한 답이 틀리지 않아.

② 더우면 창문을 열고 바람을 (　　).

　* 눈, 비, 바람 등을 몸에 닿게 해.

(4)

① 문이 (　　) 있어서 열 수 없어요.

　* 자물쇠가 채워지거나 여닫는 물건이 열리지 않아.

② 무슨 걱정이 있는지 현주는 생각에 (　　) 있어요.

　* 어떤 한 가지 일이나 생각에 정신을 쏟고.

8 십자말풀이

 가로 열쇠와 세로 열쇠를 잘 읽고, 빈칸을 채우세요.

	(1)			
	가			(6)
(2)			(5) 출	
사		(4)		
(3)				

가로 열쇠

(1) 슬픔이나 걱정 등이 있을 때에 길게 내쉬는 숨. **예** 어머니께서 ○○을 쉬셨어요.

(2) 집들이 모여 있는 곳. **비** 동네

(3) 합창이나 합주가 조화를 이루도록 앞에서 이끄는 사람.

(4) 좋은 일을 하려고 여러 사람에게 돈을 모음. **예** 불우 이웃 돕기 ○○

(5) 아이를 낳음.

세로 열쇠

(1) 가을이 한창인 때.

(2) 손으로 몸을 두드리거나 주무르는 일.

(4) 추위나 더위 등을 막기 위해 머리에 쓰는 물건.

(5) 돈을 내어 쓰거나 내어 줌. **비** 예금

(6) 집 근처에 있는 낮은 언덕이나 작은 산.

제**12**과 **자신의 생각을 표현해요(2)**

1 새

 다음 그림과 설명을 보고 알맞은 새 이름을 쓰세요.

(1)

주로 바닷가에 사는 새. 등은 회색이며, 배는 전체적으로 흰색에 줄무늬가 있다.

(2)

주로 물가에 사는 새. 부리가 납작하고, 발가락 사이에 물갈퀴가 있다.

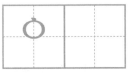

(3)

나뭇가지 위나 바위 위에 둥지를 짓고 사는 새. 주로 죽은 동물을 먹는다. 발톱과 부리가 날카롭다.

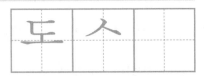

(4)

숲에 살며, 뾰족한 부리를 지닌 새. 부리로 나무에 구멍을 내어 그 속의 벌레를 잡아먹는다.

2 바르게 쓰기

✎ **밑줄 친 낱말을 바르게 고쳐 쓰세요.**

(1) 새들은 사는 곳을 <u>옴겨</u> 살기도 해요.

(2) <u>벌래</u> 한 마리가 열린 창문으로 들어왔어요.

(3) 정민이를 <u>오랫만에</u> 만나니 정말 반가웠어요.

(4) 영민이가 발을 찧어서 <u>가운데발가락</u>이 퉁퉁 부었어요.

(5) 내 모습을 보고 윤선이는 눈이 <u>휘둥그래졌어요.</u>

3 무슨 낱말일까요?

 빈칸에 알맞은 낱말을 넣어 문장을 완성하세요.

(1) 학교 주변에서는 학생들을 | ㅂ | ㄹ | 해야 해요.

　　* 도와주거나 보살펴 주려고 마음을 씀.

(2) 동생이 텔레비전 | 과 | ㄱ | 에 나온 과자를 먹고 싶다고 했어요.

　　* 상품이나 어떤 주장에 대한 정보를 널리 알리는 활동.

(3) 유모차 미시는 아저씨를 위해 | 스 | 가 | 기 | 단추를 눌러 드렸어요.

　　* 사람이나 짐을 위아래로 나르는 장치. ⑩ 엘리베이터

(4) | ㅈ | 막 | 덕분에 외국 영화도 쉽게 볼 수 있어요.

　　* 영화나 텔레비전 등에서, 관객이나 시청자가 읽을 수 있도록 화면에 비추는 글자.

(5) 뿌리는 식물이 쓰러지지 않게 | ㄱ | 저 | 하는 역할을 해요.

　　* 일정한 장소나 상태에 있도록 움직이지 못하게 함.

(6) 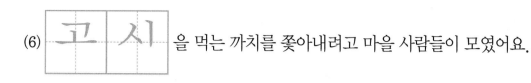 을 먹는 까치를 쫓아내려고 마을 사람들이 모였어요.

* 사람의 식량이 되는 쌀, 보리, 콩, 밀, 옥수수 등을 통틀어 이르는 말.

(7) 딱따구리가 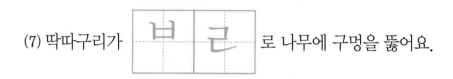 로 나무에 구멍을 뚫어요.

* 새나 일부 동물의 길고 뾰족한 입.

(8) 학급 회장은 각 반을 이끌고  사람이에요.

* 전체의 상태나 성질을 잘 나타내는.

(9) 이번 가족 여행은  으로 가면 좋겠어요.

* 돌아다니며 구경하거나 놀 수 있도록 여러 시설이나 놀이 기구를 갖추어 놓은 곳.

(10) 옆집에는 우리 동네에서 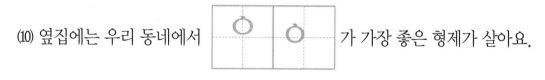 가 가장 좋은 형제가 살아요.

* 형제 사이의 사랑이나 친구 사이의 정.

(11) 책을 읽을 때에는 내용을 정확하게  하는 것이 중요해요.

* 충분히 이해하여 확실하게 앎.

4 비슷한말

✏️ 밑줄 친 낱말의 비슷한말을 빈칸에 쓰세요.

(1)
윤주는 웃을 때마다 볼우물이 쏙 들어가요.

저도 얼굴에  가 있으면 좋겠어요.

(2)
제가 범인의 모습을 보았어요.

강아지도 자세히 보면 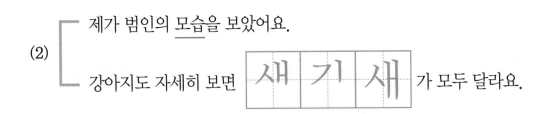 가 모두 달라요.

(3)
새로 나온 장난감을 보니 탐이 나요.

놀부는 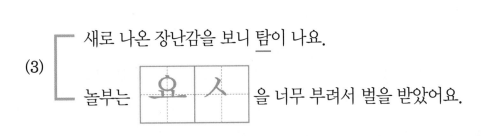 을 너무 부려서 벌을 받았어요.

(4)
제 동생은 유치원에 다녀요.

제 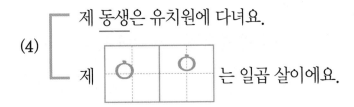 는 일곱 살이에요.

(5)
문구점에서는 공책, 연필, 지우개 등을 팔아요.

할머니는 밭에 배추, 고추 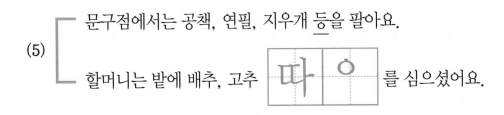 를 심으셨어요.

5 반대말

 밑줄 친 낱말의 반대말을 빈칸에 쓰세요.

(1)
우리는 서울이라는 큰 <u>도시</u>에서 살고 있어요.

어른이 되면 시고 에 가서 살고 싶어요.

(2)
<u>먼저</u>의 일은 내가 잘못했어. 미안해.

ㄴ주 에 다시 만나자. 안녕.

(3)
새로 깎아서 연필이 <u>뾰족해요</u>.

오래 쓴 연필은 연필심이 무투해요 .

(4)
아버지 머리카락이 무척 <u>가늘어요</u>.

이 숲에서 이 나무가 가장 구어요 .

(5)
이 호수에 들어가면 안 돼요. 물이 매우 <u>깊어요</u>.

비가 오랫동안 안 와서 강이 너무 야아요 .

6 무슨 뜻일까요?

✏️ 밑줄 친 낱말의 뜻을 찾아 번호를 쓰세요.

(1) 사람은 <u>저마다</u> 꿈을 이루려고 노력해요.　　　　　(　)

　　① 사람이나 물건 하나하나 모두.

　　② 여러 가지.

　　③ 남보다 빨리.

(2) 왕의 병이 <u>차츰차츰</u> 나아졌어요.　　　　　(　)

　　① 겉으로 두드러지게.

　　② 사물의 상태나 정도가 시간의 흐름에 따라 어떤 방향으로 변하는 모양.

　　③ 조금도 남기지 않고 전부.

(3) 제가 저희 반 회장이 되던 날이 <u>생생하게</u> 기억나요.　　　　　(　)

　　① 뚜렷하게 보이거나 들리지 않고 희미하고 흐릿하게.

　　② 전체 가운데 부분적으로.

　　③ 바로 눈앞에 보이는 것처럼 분명하고 또렷하게.

(4) 겨울이 되자 곤충들이 개미의 집에 <u>몰려들었어요.</u>　　　　　(　)

　　① 여럿이 떼를 지어 모였어요.

　　② 드문드문 찾아왔어요.

　　③ 오지 않았어요.

7 원고지 쓰기

 다음 문장을 괄호 안의 횟수만큼 띄워서 원고지에 옮겨 쓰세요.

(1) 나무가자라는데에는물이필요하다. (4)

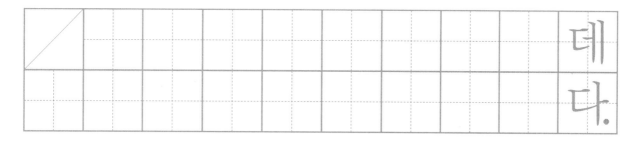

(2) 이인형은내가제일아끼는거야. (5)

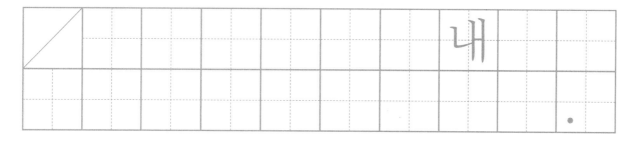

(3) 은행나무는아주오래전부터지구에서살고있다. (5)

제**13**과 마음을 담아서 말해요(1)

1 물고기

 다음 그림과 설명을 보고 물고기 이름을 찾아 쓰세요.

(1)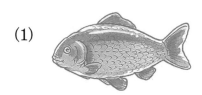

등은 푸른 갈색이고 배 쪽은 은백색인 물고기.

(2)

등은 검푸르고 배는 누르스름한 물고기.

(3)

머리는 넓적하고 입이 크며 수염 네 개가 있는 물고기.

(4)

가늘고 긴 물고기. 등은 누렇거나 검고, 배는 밝다.

메기　　붕어　　잉어　　장어

2 구기

 공을 사용하는 운동 경기를 '구기'라고 합니다. 다음 그림과 설명에 어울리는 구기를 쓰세요.

(1)

주로 발로 공을 차서 상대편의 골대에 공을 넣는 경기. 열한 명이 팀을 이룬다.

(2)

아홉 명씩으로 이루어진 두 팀이 9회씩 공격과 수비를 번갈아 하는 경기. 투수가 던진 공을 타자가 친다.

(3)

다섯 명씩으로 이루어진 두 팀이, 상대편 골대에 공을 던져 넣는 경기.

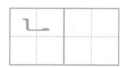

(4)

경기장 가운데에 그물을 두고, 여섯 명씩 두 팀이 공을 떨어뜨리지 않고 상대편으로 넘겨 보내는 경기.

3 꾸며 주는 말

✎ 뜻풀이에 알맞은 낱말을 찾아 넣어 문장을 완성하세요.

함부로	빙그레	도무지	갑자기

(1) 운동장에서 ⬚⬚⬚ 공이 날아왔어요.

* 생각할 사이도 없이 급하게.

(2) 연희가 지성이를 보더니 ⬚⬚⬚ 웃었어요.

* 입을 약간 벌리고 소리 없이 부드럽게 웃는 모양.

(3) 쓰레기를 아무 곳이나 ⬚⬚⬚ 버리면 안 돼요.

* 조심하거나 깊이 생각하지 않고 마음대로 마구.

(4) ⬚⬚⬚ 민정이의 생각을 모르겠어요.

* 아무리 해도.

4 -거리다

✏️ **뜻풀이에 알맞은 낱말을 찾아 넣어 문장을 완성하세요.**

(1) 동생은 내가 주는 과자를 먹느라 입을 ⬚ .

* 무엇을 먹거나 대답하느라 입을 조금 넓고 평평하게 빨리 벌렸다 닫았다 하였어요.

(2) 희진이는 비 오는 하늘을 바라보며 ⬚ .

* 남이 알아듣기 어려울 정도의 낮은 목소리로 자꾸 불만을 말했어요.

(3) 윤주는 재미있는지 만화책을 보면서 ⬚ .

* 입을 슬쩍 벌릴 듯하면서 소리 없이 가볍게 자꾸 웃었어요.

(4) 제자리에서 빙글빙글 돌던 재민이가 ⬚ .

* 힘이 없거나 어지러워 몸을 바로 세우지 못하고 이리저리 쓰러질 듯이 계속 걸었어요.

빙긋거렸어요	넙죽거렸어요
투덜거렸어요	비틀거렸어요

5 무슨 뜻일까요?

✏️ 밑줄 친 낱말의 뜻을 찾아 번호를 쓰세요.

(1) 우리 가족은 할머니 댁을 <u>방문했어요</u>.　　　　　　(　)

　　① 어떤 사람이나 장소를 찾아가서 만났어요.

　　② 어느 곳에 갔다가 돌아왔어요.

　　③ 아픈 사람을 찾아가서 병의 상태를 알아보고 위로했어요.

(2) 현수는 잘못 그린 그림에 <u>덧칠</u>을 했어요.　　　　　(　)

　　① 지우고 다시 칠하는 일.

　　② 칠한 데에 겹쳐서 한 겹 더 칠하는 일.

　　③ 종이를 덧붙이고 다시 칠하는 일.

(3) 아저씨의 얼굴은 <u>험상궂지만</u> 마음은 착해요.　　　(　)

　　① 꾀를 쓰면서 자신의 이익만을 챙길 것 같지만.

　　② 나이에 비해 어려 보이지만.

　　③ 모양이 매우 거칠고 험하지만.

(4) 경민이는 <u>쉰</u> 목소리로 최선을 다해 노래를 불렀어요.　(　)

　　① 사랑스럽고 귀여운.

　　② 흠이 없이 맑고 아름다운.

　　③ 목에 이상이 생겨 거칠고 맑지 않은.

6 외래어

 빈칸에 알맞은 외래어를 넣어 문장을 완성하세요.

(1) 오늘 축구를 했는데, 제가 | ㄱ | 을 넣어서 저희 반이 1 대 0으로 이겼어요.

   * 축구, 농구, 핸드볼 등에서, 문이나 바구니에 공을 넣어 점수를 얻는 일.

(2) 주연이가 예쁜 | 머 | 리 | 프 | 을 머리에 꽂고 왔어요.

   * 바늘처럼 가늘고 뾰족하게 만들어 머리카락에 꽂는 물건.

(3) 오빠는 공책 앞에 | ㅅ | 이 | 페 | 으로 이름을 썼어요.

   * 안에 넣은 잉크가 배어 나오도록 만든 필기도구.

(4) 어제 | 테 | ㄹ | 비 | ㅈ | 에서 펭귄을 봤어요.

   * 전파를 받아 영상과 소리를 보여 주는 장치.

(5) | 에 | ㄹ | ㅂ | 이 | 터 | 가 멈춰서 집에 걸어 올라갔어요.

   * 사람이나 물건을 위아래로 나르는 장치. **비** 승강기

제 14 과 마음을 담아서 말해요(2)

1 화장지

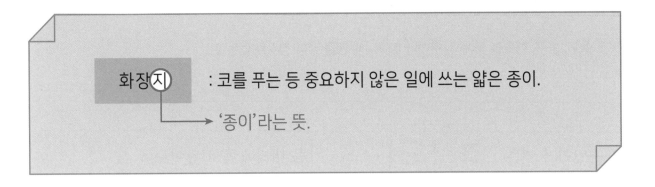

화장지 : 코를 푸는 등 중요하지 않은 일에 쓰는 얇은 종이.

→ '종이'라는 뜻.

✏️ 다음 뜻풀이를 읽고, 빈칸에 '-지'가 들어가는 낱말을 알맞게 쓰세요.

(1) 어떤 글을 적은 작은 종잇조각.

(2) 그림을 그리는 데에 쓰는 종이.

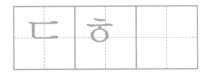

(3) 광고하는 글이 적힌 종이.

(4) 물건을 싸는 데에 쓰는 종이.

2 비슷한말

✏️ **밑줄 친 낱말의 비슷한말을 빈칸에 쓰세요.**

(1)
- 커튼을 젖히자 <u>햇빛</u>이 창문으로 쏟아져 들어왔어요.
- 구름 사이로 | 해 | ㅅ | 이 비치고 있어요.

(2)
- 급식을 먹을 때에는 반드시 <u>차례</u>를 지켜요.
- 우리는 | 수 | ㅅ | 를 지키며 교실에 들어갔어요.

(3)
- 정은이는 부끄러운지 <u>말꼬리</u>를 작게 흐렸어요.
- 발표를 할 때에는 | ㅁ | 끄 | 을 흐리지 않고 자신 있게 말해요.

(4)
- 이 그림은 색깔이 무척 <u>뚜렷해요</u>.
- 비가 내리고 나니 눈에 보이는 세상이 | 서 | 며 | 해 | 요 |.

(5)
- 쉬는 시간이 되면 친구들은 <u>시끄럽게</u> 떠들어요.
- 늑대가 나타나자 동물들은 | ㅇ | 라 | 하 | 게 | 소리쳤어요.

3 무슨 낱말일까요?

 빈칸에 알맞은 낱말을 넣어 문장을 완성하세요.

(1) 그렇게 추운 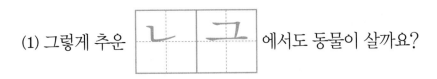 에서도 동물이 살까요?

　　　* 지구의 남쪽 끝.

(2) 어머니께서 집에서 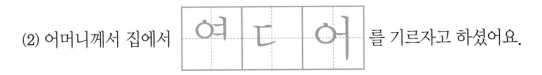 를 기르자고 하셨어요.

　　　* 더운 지역에 사는 물고기. 대부분 모양과 색깔이 아름다워 집에서 기르기도 한다.

(3) 개구리 한 마리가  으로 폴짝 뛰어들었어요.

　　　* 넓고 오목하게 파인 땅에 물이 고여 있는 곳.

(4)  에 놀라 동생이 울음을 터뜨렸어요.

　　　* 번개가 칠 때에 요란하게 울리는 소리.

(5) 아버지의  이 까끌까끌해요.

　　　* 남자 어른의 입 주변이나 턱, 뺨에 나는 털.

(6)  이 작은 물고기를 잡아먹었어요.

     * 곤충의 한 종류. 물에 사는 곤충 가운데 가장 크다. 몸은 갈색.

(7) 종이배가 강한 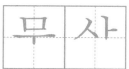 에 금방 떠내려가 버렸어요.

     * 물이 흐르는 힘.

(8) 난 네가 회장이 되기를 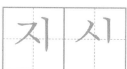 으로 바라.

     * 거짓이 없는 참된 마음.

(9) 급식을 먹을 때  를 하면 안 돼요.

     * 순서를 어기고 남의 자리에 슬며시 끼어드는 짓.

(10) 무서운 꿈을 꾸어서  에서 부모님과 같이 잤어요.

     * 집주인 부부가 쓰는, 집에서 가장 큰 방.

(11) 경호는 오늘부터 나쁜  들을 고치기로 했어요.

     * 오랫동안 되풀이하여 몸에 익은 행동.

4 바르게 쓰기

✏️ 밑줄 친 낱말을 바르게 고쳐 쓰세요.

(1) 오늘이 몇 월 몇일이야?

(2) 팽귄은 북극에 살까, 남극에 살까?

(3) 집안일을 도와드리니 마음이 뿌듣해요.

(4) 날씨가 좋으니 강에 가서 해엄치고 놀자.

(5) 우리 강아지 등에는 알록달록한 무니가 있어요.

(6) 누나는 매일 친구들을 집에 대리고 와요.

5 원고지 쓰기

 다음 문장을 괄호 안의 횟수만큼 띄워서 원고지에 옮겨 쓰세요.

(1) 나는춤도못추고노래도못해. (5)

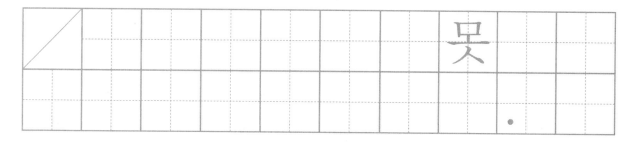

(2) 민수는잘생긴데다가공부도잘해. (4)

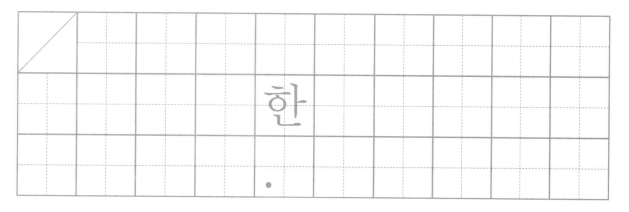

(3) 거기에있던사람가운데한명이바로나야. (7)

1 한-

'한-' : 낱말 앞에 붙어 '정확한', '한창인'의 뜻을 더해 줍니다.

예 한 + 밤 → 한밤(밤이 한창인 때)

 뜻풀이를 읽고, 빈칸에 '한-'이 들어가는 낱말을 쓰세요.

(1) 추위가 한창인 겨울.

(2) 더위가 한창인 여름.

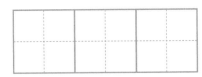

(3) 낮의 한가운데로 열두 시를 전후한 때.

(4) 정확히 가운데가 되는 곳.

2 어떤 물건일까요?

 그림과 설명을 보고 물건의 이름을 찾아 쓰세요.

(1)

나무를 찍거나 장작을 쪼개는 도구.

(2)

나무를 자르거나 쪼개는 도구.

(3)

땅을 파거나 흙을 평평하게 하는 도구.

(4)

한 손으로 들 수 있도록 손잡이를 단 통.

(5)

사람이나 짐을 옮기기 위해, 바퀴를 달아서 굴러가게 만든 기구.

(6)

바퀴에 줄을 걸어 물건을 움직이는 장치.

괭이	도끼	손수레
양동이	도르래	톱

3 문학 작품

✏️ 다음을 읽고, 빈칸에 동그라미 안의 자음자로 시작하는 낱말을 쓰세요.

(1)

예 ㅅ 의 장면을 상상하면서 낭송해요.

뜻 글쓴이의 느낌과 생각을 박자가 느껴지도록 나타낸 글.

(2)

예 세하는 ㅇ ㅇ ㄱ 를 읽은 뒤에 기억에 남는 장면을 떠올렸어요.

뜻 글쓴이의 상상력을 바탕으로 하여 어떤 일을 사실처럼 꾸며 표현한 글.

(3)

예 준모는 ㅇ ㅎ ㄱ 을 보며 인물의 말과 행동을 자세히 관찰했어요.

뜻 사람 대신 인형이 연기하는 극.

(4)

예 순민이는 이번 ㅇ ㅎ ㄱ 에서 주인공을 맡았어요.

뜻 각자 역할을 맡아 연기하는 극.

4 낱말 뜻풀이

 빈칸에 알맞은 말을 넣어서 밑줄 친 낱말의 뜻을 풀이하세요.

(1) 미현이는 전학 간 친구 진주에게 <u>편지</u>를 썼어요.

＊편지: 전하고 싶은 말을 적은 ㄱ___ .

(2) 문찬이는 할아버지께서 주신 용돈을 재빨리 <u>봉투</u>에 넣었어요.

＊봉투: 편지나 지폐 등을 넣기 위하여 종이로 만든 ㅈ ㅁ ㄴ .

(3) 하은이네 <u>우편함</u>이 텅 비어 있어요.

＊우편함: 벽이나 대문 등에 달아 두고 우편물을 넣게 한 ㅅ ㅈ .

(4) 동주는 동생을 기다리다가 <u>지쳐</u> 잠들고 말았어요.

＊지쳐: 힘든 일을 하거나 무엇에 시달려 기운이 ㅃ ㅕ .

(5) 심청이가 물에 빠지는 장면이 가장 <u>인상</u>에 남았어요.

＊인상: 어떤 것을 직접 보거나 겪어서, 마음에 새겨지는 ㄴ ㄲ .

5 '꾀'와 '꽤'

✏️ 두 낱말의 뜻을 읽고, 빈칸에 알맞은 말을 넣어 문장을 완성하세요.

꾀	: 일을 잘 꾸며 내거나 해결해 나가는 재주.
꽤	: 보통보다 조금 더한 정도로.

(1) 성진이의 배에서 꾸르륵하는 소리가 [　] 크게 났어요.

(2) 토끼는 [　] 를 부려 용궁에서 겨우 도망칠 수 있었어요.

가치	: 어떤 것이 지니고 있는 쓸모나 값.
같이	: 여럿이 함께.

(3) 우리나라의 자연은 외국인에게 자랑할 만한 [　　] 가 있어요.

(4) 주연이는 매일 도형이와 [　　] 학교에 가요.

| 세우고 | : 몸이나 몸의 일부를 곧게 펴고. |
| 새우고 | : 잠을 한숨도 자지 않고 밤을 보내고. |

(5) 형은 어제 밤을 　　　　　　 공부했어요.

(6) 허리를 곧게 　　　　　　 걸어야 건강에 좋아요.

| 넘어 | : 높은 곳을 건너거나 지나서. |
| 너머 | : (가로막혀 보이지 않는) 높은 곳의 건너편. |

넘어 　　　　　　 너머

(7) 도둑이 담을 　　　　　　 집으로 들어온 것 같아요.

(8) 저 산 　　　　　　 에는 무엇이 있을까 궁금해요.

6 흉내 내는 말

✏️ **다음 문장에 알맞은 흉내 내는 말을 찾아 쓰세요.**

(1) 찬희는 우유를 먹기 싫어서 두 팔을 ☐☐ 저었어요.

     * 어떤 것을 이리저리 휘두르거나 휘젓는 모양.

(2) 개구리가 ☐☐ 뛰어서 연못으로 갔어요.

     * 작은 것이 세차고 가볍게 뛰어오르는 모양.

(3) 준형이는 질문에 대답하지 않고 ☐☐ 웃기만 했어요.

     * 입을 슬쩍 벌리며 소리 없이 가볍게 한 번 웃는 모양.

(4) 명화는 ☐☐ 맑은 날에도 장화를 신어요.

     * 햇볕 등이 눈부시고 강하게 내리쬐는 모양.

(5) 도서관 안에서는 말없이 고개만 ☐☐ 숙이며 인사해요.

     * 고개 등을 아래위로 가볍게 한 번 움직이는 모양.

방긋	휘휘	까딱	쨍쨍	폴짝

7 바르게 쓰기

 바르게 쓴 낱말에 동그라미 하세요.

(1) 창완이가 허리를 ⎡ 꼿꼿이 ⎤ 세우고 책을 읽어요.
　　　　　　　　　 ⎣ 꼳꼳이 ⎦

(2) 효정이는 ⎡ 문박 ⎤ 에서 난 소리에 깜짝 놀랐어요.
　　　　　　 ⎣ 문밖 ⎦

(3) 누나가 냄비에 물을 ⎡ 붙고 ⎤ 라면을 끓였어요.
　　　　　　　　　　　 ⎣ 붓고 ⎦

(4) 웅재는 신발 끈도 못 ⎡ 묶고 ⎤ 달려 나갔어요.
　　　　　　　　　　　　⎣ 묵고 ⎦

(5) 외출하고 돌아온 뒤에는 손을 ⎡ 깨끗히 ⎤ 씻어야 해요.
　　　　　　　　　　　　　　　　⎣ 깨끗이 ⎦

(6) 할아버지께서 큰 나무에 ⎡ 밧줄 ⎤ 을 걸어 그네를 만드셨어요.
　　　　　　　　　　　　　 ⎣ 밭줄 ⎦

1 나뭇가지

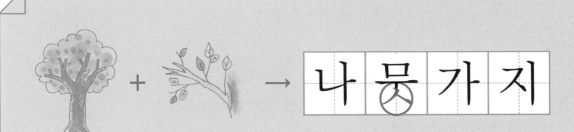

나뭇가지는 '나무'와 '가지'가 합쳐진 말입니다. 이처럼 두 낱말이 합쳐지면서 'ㅅ'이 붙기도 합니다. 이러한 'ㅅ'을 '사이시옷'이라고 합니다.

✏️ **다음 두 낱말을 합쳐 빈칸에 알맞은 낱말을 쓰세요.**

(1) 오늘 아침  에 민상이를 만났어요.

  * 등교: 학생이 공부하러 학교에 감.
  * 길: 땅 위에 사람이나 자동차 등이 다닐 수 있게 만들어 놓은 곳.

(2) 어머니는  에서 음식을 얻어 오셨어요.

  * 잔치: 기쁜 일이 있을 때에 음식을 차려 놓고 여러 사람이 모여 즐기는 일.
  * 집: 사람이나 동물이 추위, 더위 등을 막고 그 속에 들어가 살기 위해 지은 건물.

2 비슷한말, 반대말

밑줄 친 낱말의 비슷한말이나 반대말을 빈칸에 쓰세요.

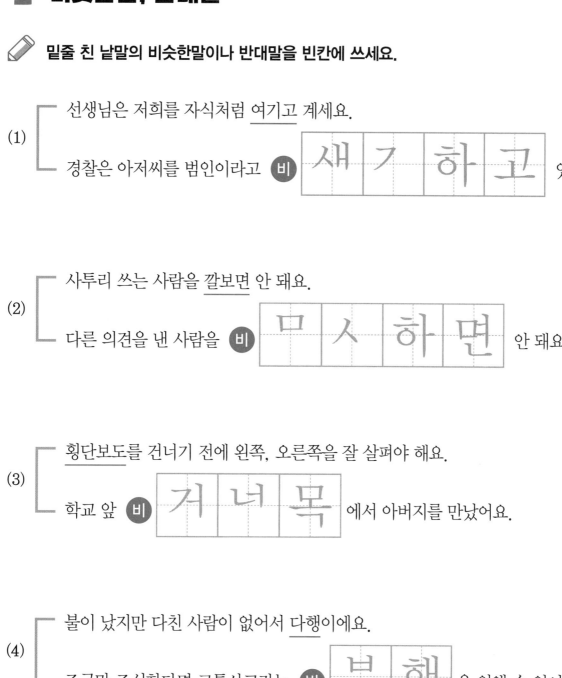

(1) 선생님은 저희를 자식처럼 <u>여기고</u> 계세요.
경찰은 아저씨를 범인이라고 비 [새][ㄱ][하][고] 있어요.

(2) 사투리 쓰는 사람을 <u>깔보면</u> 안 돼요.
다른 의견을 낸 사람을 비 [ㅁ][ㅅ][하][면] 안 돼요.

(3) <u>횡단보도</u>를 건너기 전에 왼쪽, 오른쪽을 잘 살펴야 해요.
학교 앞 비 [거][너][목]에서 아버지를 만났어요.

(4) 불이 났지만 다친 사람이 없어서 <u>다행</u>이에요.
조금만 조심한다면 교통사고라는 반 [ㅂ][해]을 없앨 수 있어요.

(5) 우리 집 <u>앞뜰</u>에 봉숭아가 예쁘게 피었어요.
학교 반 [ㄷ][ㄸ]에는 제비꽃이 활짝 피었어요.

3 무슨 낱말일까요?

 빈칸에 알맞은 낱말을 넣어 문장을 완성하세요.

(1) 집에 도착하자마자 규리에게 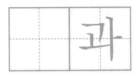 편지를 썼어요.

    * 자기의 잘못을 인정하고 용서를 빎.

(2) 올챙이 몇 마리가  에서 헤엄치고 있어요.

    * 땅이 움푹 파여 물이 고여 있는 곳.

(3) 태현이는  에 신발을 가지런히 벗고 들어왔어요.

    * 건물의 출입구에 따로 만든 공간.

(4) 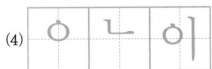 는 하늘로 올라가 해와 달이 되었어요.

    * 남자와 여자로 이루어진 형제. 🔵 남매

(5) 까치는 머리로 종을 들이받아 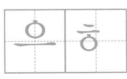 를 갚았어요.

    * 고맙게 베풀어 주는 도움.

(6) 산꼭대기에 올라가서 풍경을 내려다보니  이 저절로 나왔어요.

* 참으로 좋거나 훌륭하다고 마음속 깊이 느낌.

(7) 숙제를 도와 달라고 오빠에게 .

* 어떤 일을 해 달라고 요청했어요.

(8) 윤주는 민경이에게  을 끼고 같이 걸어갔어요.

* 나란히 있는 두 사람 중 한 사람이 옆 사람의 팔에 자신의 팔을 끼는 일.

(9) 재호는 ┌ㄱ│ㅓ┐ 를 지나가다가 넘어지고 말았어요.

* 사람이나 차가 넘어 다니도록 길이 나 있는 산이나 언덕.

(10) 우리 가족은 ┌ │ 흘┐ 동안 강원도로 여행을 다녀왔어요.

* 네 날.

(11) ┌ㄷ│ㄲ│비┐ 는 깨진 항아리를 막아 주었어요.

* 모양은 개구리와 비슷하지만 좀 더 크고 등이 울퉁불퉁한 동물.

4 '다쳤다'와 '닫혔다'

 그림을 보고 빈칸에 알맞은 낱말을 찾아 쓰세요.

(1) **다쳤다 / 닫혔다**

①  윤호는 넘어져서 다리를 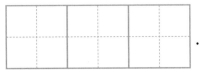 .

② 바람이 불어서 문이  .

(2) **거름 / 걸음**

①  형은 이 무척 빨라요.

②  농부는 땅에 을 뿌렸어요.

5 무슨 뜻일까요?

✏️ **밑줄 친 낱말의 뜻을 찾아 번호를 쓰세요.**

(1) 날이 너무 <u>가물어서</u> 올해는 농사를 짓기 어렵겠어요.　　　　(　)

　① 구름이 많이 끼어 햇볕이 들지 않아서.

　② 물이 넘칠 정도로 비가 너무 많이 내려서.

　③ 땅의 물기가 바싹 마를 정도로 오랫동안 계속하여 비가 오지 않아서.

(2) 흥부는 땅에 떨어진 제비를 보고 <u>딱하다고</u> 생각했어요.　　　(　)

　① 재미있고 웃기다고.

　② 불쌍하고 가엽다고.

　③ 죽을 것 같다고.

(3) 사람들은 범인을 잡아 <u>동아줄</u>로 단단히 묶어 두었어요.　　　(　)

　① 굵고 튼튼하게 꼰 줄.

　② 고무로 만들어 잘 늘어나는 줄.

　③ 나쁜 일이 생기는 것을 막기 위해 짚으로 꼬아 만든 줄.

(4) 밤이 되면 연못에서 개구리들이 <u>요란하게</u> 노래를 불러요.　　(　)

　① 큰 소리로 마구 떠들어 시끄럽게.

　② 고요하고 아늑하게.

　③ 흐뭇하고 기쁘게.

6 원고지 쓰기

 다음 문장을 괄호 안의 횟수만큼 띄워서 원고지에 옮겨 쓰세요.

(1) 그런바보같은소리하지마. (5)

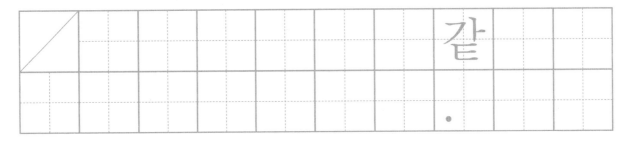

(2) 지금이하루중가장배고플때야. (5)

(3) 나는이런편지를받아본적이한번도없어. (8)

어린이

훈민
정음

2-1

기초 문법

띄어쓰기

발음

맞춤법

어린이 **훈민정음** **2**-1
정답과 해설

본 교재는 어휘력 향상을 위해 만들었지만, 문장 하나하나도 학습에 도움이 되도록 정성을 기울였습니다. 그러므로 교재에 나오는 예시 문장을 자세히 살펴 문장 학습을 하는 데에 이용하시기 바랍니다.

본 교재는 어휘력은 물론, 맞춤법과 발음, 띄어쓰기, 기초 문법, 원고지 사용법 등을 함께 다루고 있습니다.

제**1**과 만나서 반가워요!(1) 5쪽

1. (1) 코알라
   (2) 낙타
   (3) 캥거루
   (4) 치타

2. (1) 미소
   (2) 질문
   (3) 말차례
   (4) 집중
   (5) 공책

> (3) '말차례'는 표준국어대사전에는 실리지 않은 낱말이다. 하지만 교과서에서 중요하게 다루고 있는 낱말이라서 문제로 담았다.

3. (1) 끼어들지
   (2) 관계없는
   (3) 기울여
   (4) 궁금한

4. (1) 허둥지둥
   (2) 반짝반짝
   (3) 겅중겅중
   (4) 또박또박
   (5) 곱슬곱슬

5. (1) ②
   (2) ③
   (3) ③
   (4) ①

> 문제의 오답 풀이
>
> (1) ① 간질거려요, ③ 촉촉해요
> (2) ① 훔쳐, ② 빼앗아

6. (1) 케이크
   (2) 모빌
   (3) 블록
   (4) 캐릭터
   (5) 로봇

제**2**과 만나서 반가워요!(2) 11쪽

1. (1) 긴팔
   (2) 속옷
   (3) 반팔
   (4) 겉옷

2. (1) 몸집
   (2) 재롱
   (3) 엉덩방아
   (4) 모험

(5) 흥

(6) 짝짝이

(7) 실감

(8) 태권도

(9) 만화

⑩ 주인공

⑪ 조립

3. (1) 고리, 꼬리

　(2) 담, 땀

　(3) 부리, 뿌리

　(4) 시, 씨

　(5) 자다, 짜다

우리말의 예사소리는 'ㄱ, ㄷ, ㅂ, ㅅ, ㅈ'입니다. 목에 힘을 주어 이 자음들을 소리 내면 'ㄲ, ㄸ, ㅃ, ㅆ, ㅉ'으로 소리 납니다. 이 자음들을 '된소리'라고 합니다.
　이 된소리 가운데 'ㄲ'과 'ㅆ'은 받침으로도 쓰입니다. 이런 받침을 '쌍받침'이라고 합니다.

---

4. (1) ① 박, ② 밖

　(2) ① 잇다, ② 있다

5. (1) 됐든

　(2) 겪은

　(3) 찧어서

　(4) 연필꽂이

　(5) 어떡하지

　(6) 된장찌개

---

(1) 됐든: '되었든'의 준말.
(3) 찧어서: 마주 닿게 해서.
(5) 어떡하지: '어떻게 하지'의 준말.

---

6. (1)

	혼	자		있	으	면		꽤
무	서	울		텐	데	.		

(2)

	지	난	번	에		네	게		화
를		내	서		미	안	해	.	

(3)

	신	발		한		짝	이		시
냇	물		위	에		둥	둥		떠
내	려	가	고		있	어	요	.	

---

(1) '텐데'는 '터인데'의 준말. '터'는 앞말과 띄어 쓴다.
(2) '지난번'은 한 낱말이다.
(3) '짝'과 같은 물건을 세는 말은 앞 말과 띄어 쓴다.

제3과 말의 재미가 솔솔(1)　　18쪽

1. (1) 호박, 양파, 파, 무, 배추, 쌀, 사과, 배, 귤, 감, 고등어, 삼치, 오징어, 문어, 치마, 바지 등

　(2) 색연필, 색종이, 공책, 지우개, 필통, 가위, 풀, 테이프 등

2. (1) 폭포

　(2) 포기

　(3) 자전거

　(4) 인형

　(5) 형제

　(6) 제주도

3. (1) 과일

　(2) 동물

　(3) 신발

(4) 오이, 당근, 호박, 파, 가지, 시금치, 감자, 양파, 고추 등

(5) 연필, 공책, 가위, 필통, 자, 풀, 도화지, 크레파스, 지우개 등

(6) 무궁화, 장미, 개나리, 국화, 코스모스, 진달래, 튤립, 카네이션, 해바라기 등

4.(1) ②

(2) ①

(3) ①

(4) ②

(5) ③

(6) ①

(7) ②

이 낱말들과 같이 둘 이상의 뜻을 가진 낱말을 '다의어'라고 한다. 기본 뜻을 중심으로, 그 뜻에서 갈라져 나와 생긴 뜻도 있다.

5.(1) 시소

(2) 정글짐

(3) 슈퍼마켓

(4) 브로콜리

6.(1) 가수, 가슴, 귀신, 간식, 감사, 감상, 검사, 공사, 관심, 계산, 기술 등

(2) 축구, 창고, 충격, 출구, 착각, 충고, 천국, 참가, 총각, 출국, 창가, 참고 등

(3) 언니, 옛날, 아니, 안내, 양념, 의논, 인내, 원님, 예능, 윗니, 아내 등

제4과 말의 재미가 솔솔(2)   25쪽

1.(1) 바지

(2) 가지

(3) 낙지

(4) 도라지

2.(1) 소낙비

(2) 여우비

(3) 가랑비

(4) 이슬비

(5) 장대비

3.(1) 행

(2) 시어

(3) 낭송

(4) 연

(5) 동시

4.(1) 반복

(2) 억지로

(3) 평소

(4) 대화

(5) 동네

(6) 개울

(7) 대문

(8) 채소

(9) 가게

(10) 경험

(11) 택배

5.(1) 국숫발

(2) 맺혔다

(3) 빨개

(4) 숟가락

(5) 젓가락

(6) 늘였다

6.(1)

	다	섯		글	자	로		말	놀
이	를		하	자	.				

(2)

	우	리		대	문		앞	에	
강	아	지	가		서		있	어	요.

(3)

	꿀	벌	은		춤	으	로		다
른		꿀	벌	들	에	게		위	치
를		알	려		주	어	요	.	

제5과 겪은 일을 나타내요(1) 32쪽

1.(1) 하루
  (2) 인상
  (3) 날씨
  (4) 그림

2.(1) 일기
  (2) 연못
  (3) 군침
  (4) 농장
  (5) 활짝
  (6) 동동
  (7) 톡톡
  (8) 우수수
  (9) 조르르

3.(1) 새콤달콤
  (2) 동글동글
  (3) 빙글빙글
  (4) 울퉁불퉁
  (5) 뒤뚱뒤뚱
  (6) 주렁주렁
  (7) 차곡차곡
  (8) 뭉게뭉게
  (9) 조롱조롱

4.(1) 맑은

(2) 밭에

(3) 개구리

(4) 알맹이

(5) 껍데기

(6) 자세하게

제6과 겪은 일을 나타내요(2)   39쪽

1.(1) – ㉡

(2) – ㉠

2.(1) 정확

(2) 우산

(3) 연습

(4) 긴장

(5) 박수

3.(1) 꽃밭

(2) 출발선

(3) 좁은

(4) 지고

(5) 빠르게

4.(1) ③

(2) ②

(3) ①

(4) ②

문제의 오답 풀이

(1) ① 어렵게, ② 대충
(2) ① 어렴풋하게
(4) ① 턱, ③ 인중

5.(1) 말

(2) 일

(3) 바람

(4) 용기

6.(1) 화난

(2) 튼튼한

(3) 세찬

(4) 실수

(5) 우연히

7.

(1)채		(8)거	울	
(2)미	소	북		
용			(7)선	(6)거
(3)사	계	(4)절		짓
		(5)반	대	말

제7과 분위기를 살려 읽어요(1)   46쪽

1.(1) – ㉢

(2) – ㉠

(3) – ㉣

(4) – ㉡

(5) – ㉢

2.(1) 집고

(2) 짓고

(3) 끌고

(4) 끓고

(5) 덜어서

(6) 떨어서

3. (1) 가위, 흐리다

　(2) 낚시, 꺾다, 먹었다

　(3) 몫, 닭, 넓다

　(4) 앉다

　(5) 끊다

　(6) 읽다

　(7) 닳다

　(8) 끓다

　(9) 밟다

4. (1) 가위

　(2) 그물

　(3) 분류

　(4) 단체

　(5) 질문

　(6) 세상

　(7) 괴물

　(8) 부표

　(9) 더미

　(10) 휘파람

　(11) 분위기

5. (1) 품

　(2) 자신

　(3) 마루

　(4) 공중

6.

		⁽³⁾명	령	⁽⁴⁾문
	⁽²⁾사	랑		지
⁽¹⁾강	물		⁽⁵⁾일	기
수		⁽⁶⁾후	회	
량			⁽⁷⁾용	돈

제8과　분위기를 살려 읽어요(2)　54쪽

1. (1) 깜박깜박

　(2) 뚜벅뚜벅

　(3) 데굴데굴

　(4) 새근새근

　(5) 꼬박꼬박

2. (1) 물휴지

　(2) 아기별

> • 물휴지: 물기가 있는 축축한 휴지. ⑪ 물티슈
> • 아기별: 아기처럼 작은 별을 귀엽게 이르는 말.
>
> 　이렇게 둘 이상의 낱말이 만나 새로운 낱말이 된 낱말에는 '밤하늘, 새우잠, 돌다리' 등이 있다.

3. (1) 볼가심

　(2) 미리내

　(3) 해거름

　(4) 나들목

4. (1) [흘기]

　(2) [발브면]

　(3) [목쓴]

　(4) [업써요]

　(5) [할타]

> 　(3), (4)는 겹받침의 두 번째 자음자가 뒷말로 넘어간 뒤에, 겹받침의 첫 번째 자음자의 영향으로 된소리로 소리 난다(된소리되기 현상). 즉 '몫은'이 [목슨]이 되었다가 받침 'ㄱ'의 영향으로 'ㅅ'이 'ㅆ'으로 소리나 [목쓴]으로 소리 난다.

5. (1) ③

　(2) ①

　(3) ②

　(4) ③

문제의 오답 풀이

(1) ① 종종, ② 늘
(2) ② 양달, ③ 휴게소
(3) ① 살짝, ③ 간이
(4) ① 변경했어요, ② 어겼어요

6.(1) 쉬었어요
　(2) 사랑
　(3) 젊은
　(4) 일찍
　(5) 더

7.(1) 제품
　(2) 여덟
　(3) 함부로
　(4) 목도리
　(5) 가엾게, 가엽게
　(6) 슬그머니

8.(1)

/	식	탁		위	에		다	양	한	∨
과	일	이		있	어	요	.			

(2)

/	날	이		흐	려	지	더	니	
갑	자	기		비	가		왔	어	요.

(3)

/	현	진	이	는		반		친	구
들	과		함	께		놀	이	동	산
으	로		소	풍	을		갔	어	요.

(1) 한 줄의 마지막 칸에 글자를 쓴 뒤에 띄어 써야 할 때, 다음 줄의 첫 칸은 비우지 않는다. 그 대신 마지막 칸 밖에 띄어쓰기 표시를 한다. 표시하지 않아도 되지만 띄어쓰기를 연습하는 뜻에서 적는 것이 좋다.

1.(1) 제기차기
　(2) 윷놀이
　(3) 딱지치기
　(4) 그네뛰기

2.(1) ① 오솔길, ② 갈림길
　(2) ① 골목길, ② 지름길

3.(1) ∨
　(2) ∨∨
　(3) ∨, ∨∨, ∨
　(4) ∨, ∨, ∨∨, ∨, ∨
　(5) ③

4.(1) 표정
　(2) 추억
　(3) 갯벌
　(4) 초인종
　(5) 장난감
　(6) 너머
　(7) 얼른
　(8) 한참
　(9) 살짝
　⑽ 갑자기
　⑾ 조심스레

5.(1) 자루
　(2) 벌
　(3) 척
　(4) 채
　(5) 모

6.

	⁽³⁾진	료	⁽⁴⁾실
⁽²⁾날	짜		내
⁽¹⁾솜	씨	⁽⁵⁾장	화
사		⁽⁶⁾작	사
탕		별	

제10과 마음을 짐작해요(2)   70쪽

1. (1) 등잔
   (2) 호미
   (3) 조개
   (4) 페달

2. (1) ①
   (2) ②
   (3) ③
   (4) ①

3. (1) 마치고
   (2) 맞히고
   (3) 다쳤어요
   (4) 닫혔어요
   (5) 붙였어요
   (6) 부쳤어요
   (7) 맞았어요
   (8) 맡았어요
   (9) 반듯이
   (10) 반드시
   (11) 있다가
   (12) 이따가

4. (1) 동무
   (2) 체험
   (3) 고민
   (4) 성공
   (5) 마지막

5. (1) 뿌듯했어요
   (2) 특별한
   (3) 반갑게
   (4) 서성였어요
   (5) 당황해서

6. (1) 꽤
   (2) 냄새
   (3) 손뼉
   (4) 힘껏
   (5) 가르쳐
   (6) 에계계

7. (1)

/	내		가	방	을		들	어
주	어	서		고	마	워	.	

(2)

/	소	꿉	친	구		희	영	이	가	∨
전	학	을		가	서		슬	퍼	요	.

(3)

	대	화	할		때	에	는		상
대	의		말	을		귀		기	울
여		들	어	요	.				

제11과 자신의 생각을 표현해요(1) 78쪽

1. (1) 잎
   (2) 꽃
   (3) 열매
   (4) 가지
   (5) 줄기
   (6) 뿌리

2. (1) 방학
   (2) 더위
   (3) 모래놀이
   (4) 영양분
   (5) 수영

3. (1) 뼈
   (2) 뇌
   (3) 근육
   (4) 혈관
   (5) 피부
   (6) 심장

4. (1) 발등
   (2) 발톱
   (3) 발끝
   (4) 발가락
   (5) 발뒤꿈치

5. (1) 컵
   (2) 버스
   (3) 샤프
   (4) 볼펜
   (5) 페트병

6. (1) 까치밥
   (2) 볼우물
   (3) 벗
   (4) 여우비
   (5) 또래

7. (1) 무리
   (2) 타요
   (3) 맞아
   (4) 잠겨

8.

		(1)한	숨	
		가		(6)동
(2)마	을		(5)출	산
사		(4)모	금	
(3)지	휘	자		

제12과 자신의 생각을 표현해요(2) 86쪽

1. (1) 매
   (2) 오리
   (3) 독수리
   (4) 딱따구리

2. (1) 옮겨
   (2) 벌레
   (3) 오랜만에
   (4) 가운뎃발가락
   (5) 휘둥그레졌어요

3.(1) 배려

　(2) 광고

　(3) 승강기

　(4) 자막

　(5) 고정

　(6) 곡식

　(7) 부리

　(8) 대표하는

　(9) 놀이공원

　(10) 우애

　(11) 파악

4.(1) 보조개

　(2) 생김새

　(3) 욕심

　(4) 아우

　(5) 따위

5.(1) 시골

　(2) 나중

　(3) 뭉툭해요

　(4) 굵어요

　(5) 얕아요

6.(1) ①

　(2) ②

　(3) ③

　(4) ①

7.(1)

	나	무	가		자	라	는		데
에	는		물	이		필	요	하	다.

(2)

	이		인	형	은		내	가	
제	일		아	끼	는		거	야.	

(3)

	은	행	나	무	는		아	주	
오	래	전	부	터		지	구	에	서 ∨
살	고		있	다.					

제13과 **마음을 담아서 말해요(1)** 　94쪽

1.(1) 붕어

　(2) 잉어

　(3) 메기

　(4) 장어

2.(1) 축구

　(2) 야구

　(3) 농구

　(4) 배구

3.(1) 갑자기

　(2) 빙그레

(3) 함부로

(4) 도무지

4. (1) 넙죽거렸어요

(2) 투덜거렸어요

(3) 빙긋거렸어요

(4) 비틀거렸어요

5. (1) ①

(2) ②

(3) ③

(4) ③

문제의 오답 풀이

(1) ② 다녀왔어요, ③ 병문안했어요

(3) ① 얍삽하게 생겼지만

(4) ② 청아한

6. (1) 골

(2) 머리핀

(3) 사인펜

(4) 텔레비전

(5) 엘리베이터

제14과 **마음을 담아서 말해요(2)**   100쪽

1. (1) 쪽지

(2) 도화지

(3) 전단지

(4) 포장지

2. (1) 햇살

(2) 순서

(3) 말끝

(4) 선명해요

(5) 요란하게

3. (1) 남극

(2) 열대어

(3) 연못

(4) 천둥소리

(5) 수염

(6) 물장군

(7) 물살

(8) 진심

(9) 새치기

(10) 안방

(11) 습관

4. (1) 며칠

(2) 펭귄

(3) 뿌듯해요

(4) 헤엄치고

(5) 무늬

(6) 데리고

(1) '몇' 뒤에 단위를 나타내는 말이 오면 그 사이를 띄워야 한다. 하지만 '몇'과 '일'이 합쳐져 이루어진 '며칠'은 한 낱말이므로 붙여 쓴다.

5. (1)

	나	는		춤	도		**못**		추
고		노	래	도		못	해	.	

(2)

	민	수	는		잘	생	긴		**데**
다	가		공	부	도		잘	해	.

(3)

	거	기	에		있	던		사	람	∨
가	운	데		**한**		명	이		바	
로		나	야	.						

(1) 못: 뒷말이 나타내는 동작을 할 수 없거나 상태가 이루어지지 않았다는 부정의 뜻을 나타내는 말. 뒷말과 띄어 쓴다.

못하다: 일정한 수준에 못 미치거나 할 능력이 없다. 한 낱말이므로 붙여 쓴다.

(2) 잘생기다: 사람의 얼굴이나 겉모양이 보기에 좋게 생기다. 한 낱말이므로 붙여 쓴다.

제15과 다양한 작품을 감상해요(1) 106쪽

1.(1) 한겨울
  (2) 한여름
  (3) 한낮
  (4) 한가운데

2.(1) 도끼
  (2) 톱
  (3) 괭이
  (4) 양동이
  (5) 손수레
  (6) 도르래

3.(1) 시
  (2) 이야기
  (3) 인형극
  (4) 역할극

(2) '이야기'는 동화, 소설 등의 허구적(실제로는 없는 사건을 작가의 상상력으로 만들어 낸) 산문(줄글) 문학을 말한다.

4.(1) 글
  (2) 주머니
  (3) 상자
  (4) 빠져
  (5) 느낌

5.(1) 꽤
  (2) 꾀
  (3) 가치
  (4) 같이
  (5) 새우고
  (6) 세우고
  (7) 넘어
  (8) 너머

6.(1) 휘휘
  (2) 폴짝
  (3) 방긋
  (4) 쨍쨍
  (5) 까딱

7.(1) 꼿꼿이
  (2) 문밖
  (3) 붓고
  (4) 묶고
  (5) 깨끗이
  (6) 밧줄

제16과 다양한 작품을 감상해요(2) 114쪽

1.(1) 등굣길
  (2) 잔칫집

2.(1) 생각하고
  (2) 무시하면
  (3) 건널목
  (4) 불행
  (5) 뒤뜰

(5) 낱말과 낱말이 합쳐질 때 'ㅅ(사이시옷)'이 붙기도 한다. 하지만 뒷말의 첫소리가 된소리일 때에는 사이시옷을 적지 않는다.

뒷뜰(×) 뒤뜰(○) / 뒷쪽(×) 뒤쪽(○)

3. (1) 사과

(2) 웅덩이

(3) 현관

(4) 오누이

(5) 은혜

(6) 감탄

(7) 부탁했어요

(8) 팔짱

(9) 고개

(10) 나흘

(11) 두꺼비

4. (1) ① 다쳤다

② 닫혔다

(2) ① 걸음

② 거름

(2) ② 거름: 식물이 잘 자라도록 땅에 영양분이 많아지게 하기 위해 주는 물질.

5. (1) ③

(2) ②

(3) ①

(4) ①

문제의 오답 풀이

(1) ② 홍수가 나서

(3) ② 고무줄, ③ 금줄

(4) ② 은근하게, ③ 즐겁게

6. (1)

	그런		바보		같	은
소	리		하	지	마	.

(2)

	지	금이		하	루		중
가	장		배	고	플		때	야	.

(3)

	나	는		이	런		편	지	를	∨
받	아		본		적	이		한		
번	도		없	어	.					

(3) 한번: ① 지난 어느 때나 기회.
② 어떤 일을 시험 삼아 시도함을 나타내는 말.
③ 기회 있는 어떤 때에.
④ 어떤 행동이나 상태를 강조하는 뜻을 나타내는 말.
⑤ 일단 한 차례.

위와 같은 뜻으로 쓰는 '한번'은 한 낱말이므로 붙여 씁니다. 하지만 (3)의 '한 번'은 '횟수'를 뜻하므로 띄어 씁니다. 예 한 번, 두 번, 세 번, 네 번